知っておきたい日本の神様

武光 誠

知っておきたい日本の神様

目次

3章 神様の頂点、高天原の天照大神

4章 天照大神の家来筋の神々

5章 地方の神々

協力／緒上 鏡
図版作成／リプレイ
写真提供／世界文化フォト

はじめに

誰もが、なにかの悩みごとや願いごとがあるときに「神様」に頼もうと思った経験をもっている。そして、日本人の多くが、神様といえば神社を思い浮かべる。

日本国内には、約一二万の神社がある。それゆえ、まわりを探せば必ず鎮守の杜《もり》の樹々と古代風の和風の建物をもつ神社がみつかる。現在でも、神社は日本の都会や農村の風景の一部になっているのである。

そこにまつられている神様は、母親のような温かい目で人びとを見守り、願いをかなえてくれるといわれる。

しかし、私たちはその神社にどのような神様がまつられているか、思いのほかに知らない。手近な神様に頼みごとをしてもよいが、一柱一柱の神様にはその役割と、神様とされたいわれがある。

自分がお参りする神様のことを詳しく知れば、効果的に御利益が得られる。病気回復の神様に商売繁盛のお願いをしても、神様を困らせるだけである。

そこで、本書ではお稲荷《いなり》様、八幡《はちまん》様、天神《てんじん》様などの日本の主な神様について解説していくことにする。それを読んでいくと、「日本人にとって神道とはなにか」という問題についても知りたくなってくる。「神様とは、私たちがもっている能力を最大限に引き出してくれる存在である」という説明が、その答えの一つとなろう。人間は神社に参拝して、願いごとを唱えることによって、その願望を実現するための努力をはじめるのである。

読者の方がたにも、自分にとってなにがもっとも必要かをみつけるための参拝をおすすめしたい。

武光　誠

1章

あなたの近所の神社のルーツをご存じですか

I　日本人と神社

日本人の生活に欠かせないもの

現在、日本全国に一〇万社以上の神社がある。都会の景色のなかで、青々と茂る神社の杜《もり》を見て、心安らぐ思いをした人も少なくあるまい。

日本人は無宗教だなどと言われながら、これだけ多くの数の神社が古い時代から現代までまつり続けられてきた。

これを、神社になんらかの御利益があることによるものだと考える者もいるだろう。しかし、御利益を求める行為だけが神社を支えたわけではない。近年まで、神社は一つの地域のまとまりの中心であった。また、かつては多くの者が、現実的な利益ではなく、正しい心で生きられることを願って神社を訪れた。

多様な神社の成り立ち

日本では「八百万《やおよろず》の神」という言葉にあらわされるような、きわめて多様な神がま

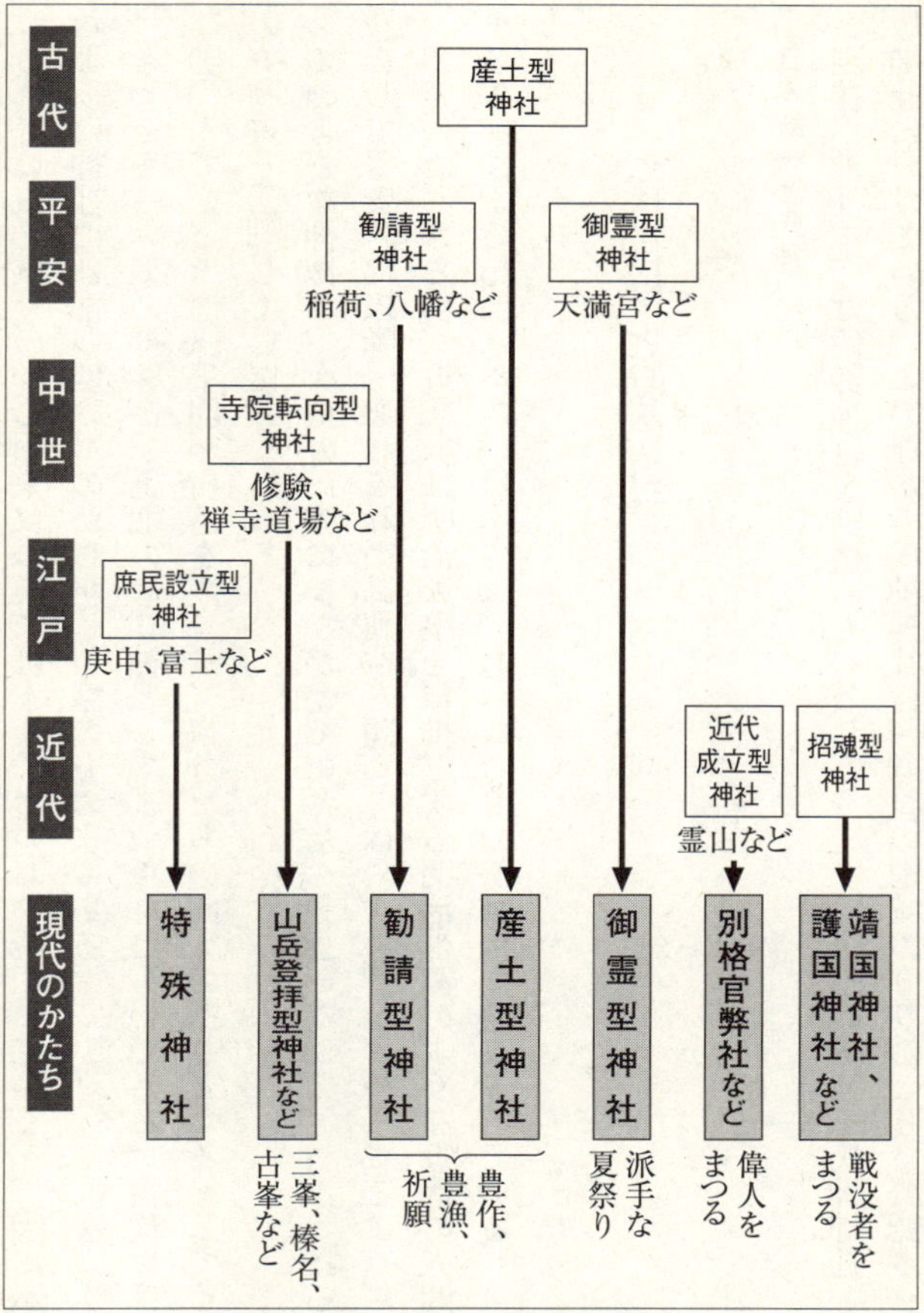
古代
平安
中世
江戸
近代
現代のかたち
産土型神社
勧請型神社
稲荷、八幡など
御霊型神社
天満宮など
寺院転向型神社
修験、禅寺道場など
庶民設立型神社
庚申、富士など
近代成立型神社
霊山など
招魂型神社
特殊神社
山岳登拝型神社など
勧請型神社
産土型神社
御霊型神社
別格官幣社など
靖国神社、護国神社など
三峯、榛名、古峯など
豊作、豊漁、祈願
派手な夏祭り
偉人をまつる
戦没者をまつる

図1-1　神社の発祥

つられている。個々の神の由来については本書でおいおい説明していくが、図に示したように神社には古い型のものから新しい型のものまである。

もっとも古い型の神々は、土地の守り神としてまつられたものである。古代には、二〇〇人ていどの血縁集団が村落をつくり、自分たちの団結の拠りどころとして土地の守り神を信仰していた。

このような神々が、次項の氏神《うじがみ》につながっていった。そして平安時代以降、あれこれの御利益を願ってはやりの神がまつられるようになっていった。さらに、近代には明治天皇を祭神とする明治神宮のような近代の人間をまつる神社まで起こされた。日本では、あらゆるものが神になりうるのである。

2 氏神様と私祭社

日本統一と氏神

現在、神社本庁は伊勢神宮《いせじんぐう》を別格のものとしたうえで、全国の神社を氏神神社と崇敬《すうけい》神社に分けている。このなかの氏神神社は、一つの地域の守り神として公認されたものである。

神道の信仰は、自分が属する地域の氏神様をまつることからはじまるが、氏神様とのかかわり方は10章で詳しく記そう。

前項にも記したように、古代人は血縁集団ごとに思い思いの神をまつっていた。かれらは自分たちの守り神を、世界でもっとも権威の高いものとみていた。

ところが三世紀末ごろから大和《やまと》朝廷の全国統一がはじまると、そのような世界観は成り立たなくなった。村落を治める首長が、王家（のちに皇室となる）に従わされることになったからである。

五世紀には、中央の大王《おおきみ》の下に出雲《いずも》氏、吉備《きび》氏などの地方豪族がおり、さらに地方豪族の下に村落の首長が組織される形の整った秩序ができあがった。しかし、この段階で王家は村落の首長が古くからまつってきた神々を否定して、全国の人びとに自家の守り神を拝ませようとは考えなかった。

つまり、皇室の祖先たちは武力を用いて日本に一神教を定着させようとはしなかったのである。

このため、氏神につらなる地方の神々はすべて王家の守り神の親戚《しんせき》の神や家来筋の神とされた。これによって、日本で多神教がとられることになった。

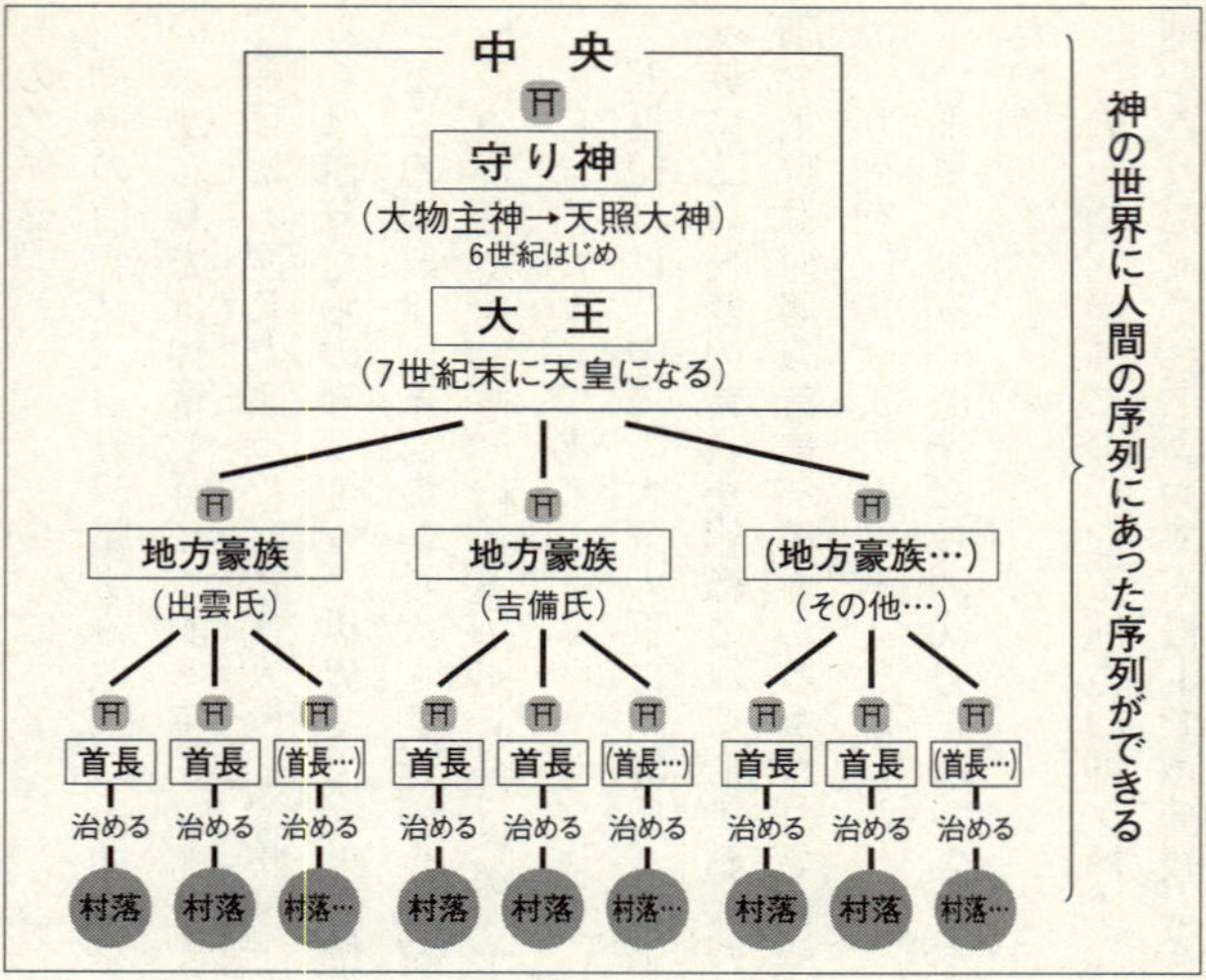

図1-2　中央と地方の神々

差別された私祭社

朝廷が地域の守り神として公認した神社の神だけが由緒正しい神であるとする考えは、江戸時代末ごろまでの皇室に根強くうけつがれていた。北野天満宮のように平安時代にあらたに起こされた神社は、わざわざ朝廷に申請して勅許《ちょっきょ》という形で天皇に天神《てんじん》様をまつることを認めてもらっている。

そのため、朝廷や武家政権の神社統制の場で、私的にまつられた神社が「淫祠《いんし》」と呼ばれて差別された例も多い。しかし、自分を助けてくれた不思議なものを神としてまつる者や、既存の神社の霊を私邸の庭などにまつる者も多かった。

そのような神社を拝む者からみれば、そこでまつられているものは、間違いのない神である。そのため、近年ではそのような私祭の対象とされた神を「崇敬神社」と呼ぶようになった。

日本では、誰かにまつられたものはすべてが神になる。

3　氏神様の種類と由来

神とともに生きた古代人

古い時代には、氏神のもとになった地域の守り神は、特定の名前をもっていなかった。神をまつる人びとは、自分たちをまもってくれるものを「み霊《たま》」、「神《かみ》」、「命《みこと》」などと呼んで敬っていた。

「み霊」とは「たましい」でよい心をあらわす。古代人は、すべての人間が体のなかに「たましい」という清い心をもつと考えた。そして、肉体をもたず「たましい」だけで存在するものを神だとした。「神」は、「上《かみ》」で人びとの上の空中にいる者をさす言葉だ。また、「命」は「み言《こと》」で命令を下す方をさす。

古代人は、神は自然を整えて自分たちをまもってくれる温かくて広い心をもったお方だと考えた。それとともに、自分たちも神と同じ清い心で助けあっていかねばならないとした。

神道の基本に、自然とも人間とも協調して無欲に生きることが望ましいとする発想がある。

御利益で神を選ぶ

ところが、日本が統一されていくと、各地の村落の神が、固有の名前をもつようになった。このことは、他の神と区別するためになされた。地名をつけて、「佐太《さた》の神」（のちの島根県の佐太方神）、「宇佐《うさ》の神」（のちの宇佐八幡宮《はちまんぐう》）などと呼ばれた神もある。また、自分がまつる神に大国主命《おおくにぬしのみこと》、事代主命《ことしろぬしのみこと》のような有力な神と同じ神名をつけた例もある。

そして平安時代以降、さまざまな信仰が流行する。そのたびに、古くからの神名を捨てて、より御利益のある神をまつろうとする者が出た。中世に大国主命をまつる神社が、八幡社や天神社にかわった例も多い。

さらに、江戸時代には商売繁昌と金運をもたらす稲荷神《いなり》がひろくまつられた。現在の日本に数多くみられる神社を表にしてみた。次項からは、日本の主な神社を知るために、このなかの第一位の稲荷社から第六位の熊野神社までをとり上げて、それらがどのような神であるか説明していこう。

4　稲荷神社

神社名	神社の数(約)
稲荷社	19,800社
八幡社	14,800社
天神社	10,300社
諏訪神社	5,700社
神明神社	5,400社
熊野神社	3,300社
春日神社	3,100社
八坂神社	2,900社
白山神社	2,700社
住吉神社	2,100社
日吉(山王)神社	2,000社
金毘羅神社	1,900社
恵比寿神社	1,500社

図1-3　主な神社の数

古代豪族、秦氏の守り神

稲荷神社は、全国で二万社近くあるが、個人の邸宅のなかの小社まで含めれば四万か所以上で稲荷神がまつられているといわれる。この稲荷神社の祭神は、もとは山城国（京都府）でまつられていた土地の守り神であった。

その神の名前を、宇迦之御魂神《うかのみたまのかみ》という。

「うかのみたま」とは、イネに宿る精霊をさす言葉である。イネという植物の神が、やがて人びとに食物を与える食物神とされた。そして、そこから稲荷神が五穀豊穣《ごこくほうじょう》（作物がよくみのること）をもたらす神とされた。

この稲荷神を氏神としてまつったのが、京都盆地に勢力を張った古代豪族、秦《はた》氏であった。稲荷神社の総本山である伏見《ふしみ》稲荷大社の社伝には、和銅四年（七一一）に稲荷山三ケ峰に稲荷神があらわれたとある。稲荷神社の総本山とされる伏見稲荷大社は、この稲荷山の地にある。

江戸で盛行した稲荷信仰

秦氏は、地方に領地を広げて発展していった。そのためあちこちに、秦氏に従った地方豪族の子孫であることにちなむ畑《はた》、畑野、秦野《はだの》、畑山などの名字がみられる。畑、畑野とか波多《はた》といった地名も、秦氏にちなむものである。

このような秦氏ゆかりの地に、伏見稲荷大社の分社が広がっていった。さらに、稲荷信仰が仏教や民間信仰と融合して狐が稲荷神の使いとされるようになったが、その詳細は9章1項（146ページ）で記そう。

室町時代に商人の勢力が拡大すると、稲荷神が本来の農耕神の性格のほかに商売繁昌の神としての性格をもつようになった。そして、新興の江戸の町で稲荷信仰をもつ商人が幾人も成功者になったために、江戸の庶民も稲荷神をまつるようになった。このようにして稲荷神社は、私たちにもっともなじみ深い神になっていった。

5　八幡神社

海神が応神天皇に

八幡信仰は、九州の宇佐八幡宮（大分県宇佐市）から全国に広まった。古代の宇佐は、瀬戸内海方面と大陸にむかう航路との中継地として重んじられていた。そして、そこに宇佐氏という有力な航海民の首長がいた。

かれらは、自家の祖先神としての海神をまつっていたが、のちにその神が八幡《やわた》の神と呼ばれるようになった。「八幡」とは、船に多くの大漁旗が立てられたありさまをさす言葉であった。

四世紀に朝廷は九州支配に宇佐氏の力をかりた。そのため早くから、王家が宇佐八

図1-4　宇佐八幡宮

幡宮を重んじるようになっていった。
さらに奈良時代の東大寺建立《こんりゅう》のときに、八幡宮の地位を高める出来事が起きた。宇佐の巫女《みこ》に、「奈良に赴いて大仏づくりを助けたい」という神託が下ったのである。東大寺の大仏づくりを発願《ほつがん》した聖武《しょうむ》天皇は、このお告げに大きな力を得た。
そのため奈良に手向山《たむけやま》八幡宮が建てられ、皇室が八幡神をまつるようになった。

源氏の神になる

宇佐八幡宮には、六世紀の欽明《きんめい》天皇のときに宇佐神が神職に「われは応神《おうじん》天皇である」というお告げを下したとする伝えがある。このことによって、八幡神が応神天皇であるとされた。

しかし、この伝えは平安時代後期にできたものであるらしい。その時期に武家の棟《とう》梁《りょう》である清和《せいわ》源氏の八幡信仰が高まっている。武勇で知られる源義家《みなもとのよしいえ》は、石清水《いわしみず》八幡宮で元服して「八幡《はちまん》太郎」の通称を用いた。

このような源氏が、八幡神と朝鮮遠征にまつわる応神天皇とを結びつけたのであろう。清和源氏が天下をとって鎌倉幕府をひらいたことをきっかけに、八幡信仰は全国の武士のあいだに広まっていった。そして、国家鎮護や家運隆昌をもたらす神として、八幡神が多くの人に愛されることになった。

6　天神社

平安時代の学者政治家が神になる

各地の天神社、天満宮は、菅原道真《すがわらのみちざね》（八四五―九〇三）をまつるものである。道真は、代々宮廷の学者をつとめる家に生まれ、宇多《うだ》天皇の命令によって困難な政治改革にあたった人物である。

当時、中央で権力をふるう藤原氏は贅沢《ぜいたく》にふけり、地方政治をおろそかにした。そのため、地方官の悪政によって、多くの農民が貧困に苦しんでいた。

道真は地方政治をたて直し、朝廷が小農民を保護する制度を確立させようとした。しかし、かれの考えに反発する左大臣の藤原時平《ときひら》は、右大臣の地位にあった道真を九州の大宰府《だざいふ》の地方官に左遷した。

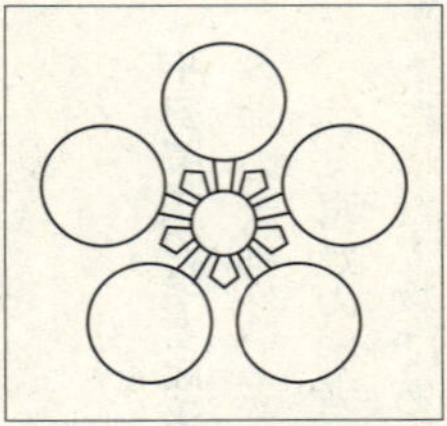

図1-5　梅鉢紋

都を離れるときに道真は、屋敷の梅の木につぎの和歌を詠みかけた。

「東風《こち》吹かば匂いおこせよ梅の花、主《あるじ》なしとて春な忘れそ（春風が吹けば花を咲かせて花の香りをふりまいてくれ梅の花よ、主人がいなくても春を忘れないように）」

この和歌にちなんで、梅の花をかたどった梅鉢《うめばち》の紋が天満宮の神紋や菅原家の家紋になった（貴族の紋章は平安時代後期につくられた）。

怨霊から受験合格の神に

道真が愛した梅の木の花をつけた枝が一本、つぎの春に大宰府の道真のもとに飛んできたという伝説もある。道真が左遷された直後から、民衆のあいだにこのような不思議な噂が広まった。そして、道真が亡くなったあと、落雷などの天災が起こるたびにそれを「道真の祟《たた》り」だとする話が都をかけめぐった。

藤原時平が若いうちに亡くなったことも、道真の怨霊《おんりょう》のしわざとされた。そのため、天暦元年（九四七）に道真の祟りを鎮めるために北野天満宮が建てられた。

平安時代末に皇室や藤原氏がこの北野天満宮を重んじたため、地方の嵐の神や雷の神をまつる神社がつぎつぎに北野神社の保護下に入り、天神社になっていった。このことが天神信仰を全国化させた。

中世には商工民が天神をまつったが、江戸時代に朱子学がさかんになると、高名な朱子学者が幾人も天神信仰をもつようになった。これによって、天神が学業成就の神、学問の神、さらに受験の神へとかわっていったのである。

7　諏訪神社

神々の力くらべ

諏訪《すわ》神社は、もとは長野県の諏訪湖の周辺でまつられた地方神であった。その神は、もとは弓矢に長じた狩猟神の姿をしていた。このなごりは、現在も行なわれている諏訪上社の御頭祭《おんとうさい》にみられる。

この祭りには、鹿の頭を神前にささげる神事がある。狩猟によって生活していた縄文人がまつっていた神が、さまざまな変遷をへて諏訪神になったのだろう。

諏訪神社の祭神を建御名方神《たけみなかたのかみ》という。『古事記』などは、その神を高天原《たかまがはら》から来た武甕槌神《たけみかづちのかみ》と争って敗れた神とする。

天照大神《あまてらすおおみかみ》の使者となった武甕槌神が大国主命に地上の支配権を皇室にさし出せと命じたところ、建御名方神が反発した。かれは、大国主命の二人の有力な子神の一人であった。

このとき、武甕槌神と建御名方神との力くらべが行なわれたが、敗れた建御名方神は諏訪に逃げたという。かれはそのとき、

「自分は諏訪の地から出ないので、許してください」

と言ったという。

鎌倉武士の守護神になる

日本神話で敗者とされた諏訪の神が、のちに武芸神として慕われた。一見すれば矛

盾に満ちた話であるが、中世の人は「世界一強い神に戦いを挑んだ勇者」に共感をもったのだ。

当時の武士が、しばしば名誉のために自分より有力な相手と戦わねばならぬ場面に出合ったからだ。中世の戦いは、主に弓矢で行なわれた。そこで、武士たちは狩猟の神に弓術の上達を願った。そして、諏訪の神から強者に立ちむかう勇気ももらおうとした。

このような理由で、諏訪信仰は中世の武士のあいだに広まったが、農民たちも諏訪の神を天災を退けてくれる強い神として慕った。

これによって五穀豊穣《ごこくほうじょう》、武運長久などを願う諏訪信仰が広まった。しかし、諏訪神の信者が信濃《しなの》、越後《えちご》の二国に集中していることに注意する必要もある。五七〇〇社の諏訪神社のなかの一〇〇〇社あまりが長野県に、一五〇〇社あまりが新潟県にある。

特定の地域に根を張りつつ全国化したのが、諏訪信仰なのである。

8 神明社

神々の頂点に立つ万能の神

神明神社は、天照大神をまつる神社である。天祖《てんそ》神社、伊勢神社などの名前で天照大神をまつる神社もあるが、それらは神明神社と同じ性格の神社である。

神明神社の総本山にあたるのが、伊勢の内宮《ないくう》である。皇室と天照大神とのかかわりや、伊勢神宮建設のいきさつについては3章3項（58ページ）で詳しく記すが、各地の神明神社は主に御師《おし》と呼ばれる伊勢の伝道使が起こしたものだ。

戦前は、どこの家でも座敷の仏壇のとなりで伊勢神宮のお札《ふだ》がまつられていた。また、特別の祭りの日には、「天照坐皇御神《あまてらしますすめらおおみかみ》」の掛軸が飾られた。

終戦後は国家神道にもとづく天皇崇拝からくるそのような習俗はなくなったが、現在でも天照大神を信仰する人は多い。これは、天照大神を最高神とする『古事記』などの神話の世界観からくるものである。

天照大神は、国土平安をもたらす神とされる。そして、国土平安つまりすべての人びとが安心して楽しく暮らせることが自分の幸福につながるとする考えにもとづいて天照大神信仰がなされる。

つまり、天照大神をまつれば家内安全、商売繁昌、武運長久、学業成就などのあらゆる御利益が得られるとされるのである。

伊勢信仰がつくる人に優しい社会

戦国動乱のなかで、個人の出世や合戦の勝利などの私的な御利益を神々に求める者が多くなった。しかし、江戸時代に入って国内が平和になると、人びとは「自分の損得だけを考えて生きていてよいのだろうか」と考えるようになった。

そういったときに、伊勢の御師の説教が人びとの心をとらえた。かれらはこう説いた。

「天照大神は太陽の神で、太陽は善人にも悪人にも等しく明るい光を与えてくれる。この太陽のような気持ちをもって世の中をよくしていこう」

この考えから、庶民の伊勢信仰がさかんになった。かれらは、伊勢講などの組織をつくり、近隣の人びとと連れだってお伊勢参り（12章2項、196ページ）をして、みんなで仲よく人のためになる生き方をしていこうという決意をもった。

明治以降そのような形のお伊勢参りはみられなくなったが、伊勢信仰の心は、日本人になんらかの形でうけつがれているのだろう。

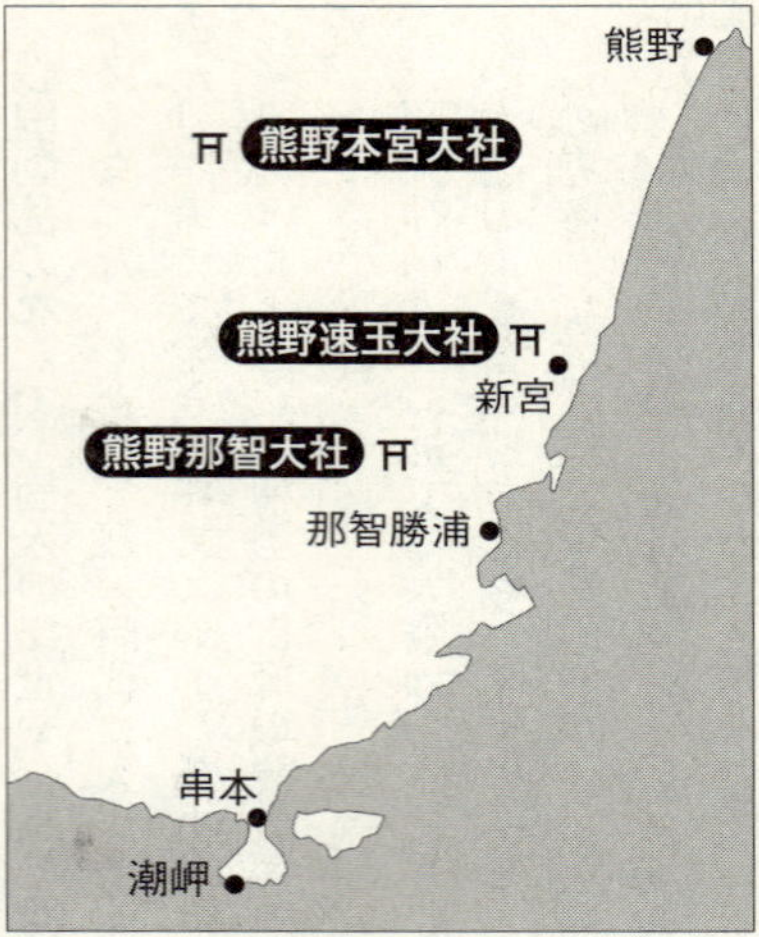

図1-6　熊野三社

9　熊野神社

熊野の山の精霊

熊野信仰は、紀伊半島南部の山深い地にある熊野三社から起こった。熊野三社は、熊野本宮大社、熊野速玉《はやたま》大社、熊野那智《なち》大社の総称である。

そのあたりには、山中に住み狩猟や木材のきり出しによって生活する人びとがいた。かれらが山にある巨木の精霊をまつったのが熊野信仰の起こりである。

熊野本宮大社の祭神である家都御子神《けつみこのかみ》の神名の本来の意味は、「木の御子の神」であった。のちにその神は天照大神の弟神である素戔嗚尊《すさのおのみこと》と同一の神とされた。

日本神話には熊野信仰と朝廷の神話とを結びつけるための素戔嗚尊の子神の五十猛《いそたける》神《のかみ》が熊野の一帯に木を植えたとする話がつくられた。

修験者と熊野信仰

平安時代半ばごろから、熊野信仰は山岳仏教と結びついた。奥深い熊野の山で修行する僧侶《そうりょ》があらわれたのである。やがてかれらは、半分僧侶で半分俗人である修験者《しゆげんじや》(山伏《やまぶし》)になっていった。

このような熊野山伏の本拠地の青岸渡寺《せいがんとじ》が、那智大社のすぐとなりにある。

修験者は強い呪力をもつとされたために、皇室がかれらの力をかりて国内の争乱を鎮めようとした。そのために、平安末の有力者で院政によって国政を動かした白河《しらかわ》法皇、鳥羽《とば》法皇などが、幾度も熊野詣《もう》でを行なった。

この時期から皇室の保護のもとに、修験者による地方への布教がさかんになった。かれらの手で各地の熊野神社がひらかれたのだ。そのような熊野の神は、皇室を支え国土安穏をもたらす神として信仰された。その他に、修験者がしきりに庶民の病気快復の祈禱《きとう》を行なったことによって、熊野神社は延命長寿、無病息災の神ともされた。

2章

一番古い神様たち

I　出雲の神々の世界

神々のつどう聖地

今日でも出雲《いずも》（島根県東部）の人びとは、自分たちの土地を「神の国」と呼んでいる。これは、神道のおおもとである出雲大社がそこにあることにもとづくものである。出雲大社の大国主命《おおくにぬしのみこと》は、最高神とされる天照大神《あまてらすおおみかみ》より古い由来の神と考えられている。

一〇月の古風な呼び方として「神無月《かんなづき》」という言葉がある。これは、毎年一〇月に日本中の神々が出雲に集まって縁結びの話し合いをするという信仰にもとづいてつくられた呼び方である。そのため、出雲の人は一〇月のことを「神在月《かみありづき》」と呼んでいる。出雲を神々のふるさととする発想は、出雲で弥生《やよい》時代的な信仰が整えられ、その信仰が大和《やまと》朝廷にもうけつがれたことから生まれたものである。

荒神谷の銅剣の語るもの

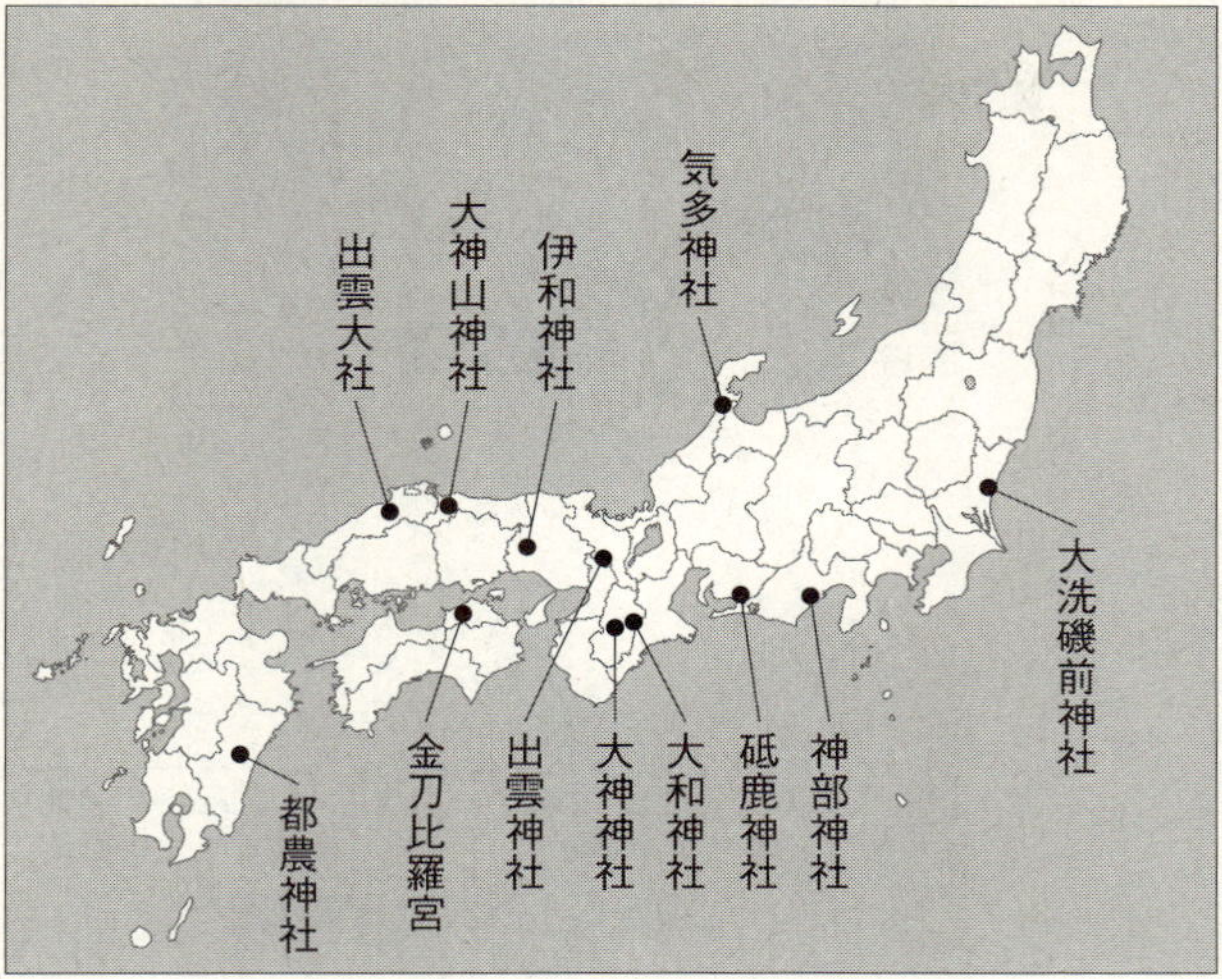

図2-1　大国主命をまつる主な神社

大国主命信仰は、弥生時代中期にあたる二世紀半ばにつくられたとみられる。昭和五九年（一九八四）に、島根県斐川《ひかわ》町荒神谷《こうじんだに》遺跡からそのことを物語る銅剣三五八本がまとまって出土した。

この発見は、それまでの古代史の定説を書きかえるものであった。それまでは、弥生時代には北九州と大和が先進地であったと考えられてきた。ところが、荒神谷遺跡は古代の信仰や文化が出雲から広がったことを明らかにした。

荒神谷遺跡の約三〇年後に北九州で邪馬《やま》台《たい》国が栄え、さらにその約三〇年後に大和朝廷が誕生した

2　大国主命

図2-2　荒神谷と出雲大社

のである。

荒神谷では、出雲各地の村落の首長が各自一本ずつ銅剣を持ち寄って、年に一度の特別の祭りをひらいていた。この銅剣は、各地の村落の守り神の御神体であった。

縄文人はあらゆる自然物を神としてまつったが、弥生時代の出雲で、村落を構成する血縁集団をまもる一柱の強い神がまつられるようになった。そのような神が、のちに次項の大国主命とされた。

土地の守り神

大国主命は、出雲大社をはじめとする各地の出雲系の神社でまつられている。この大国主命は日本神話のなかで天照大神以上に重要なはたらきをしている。

大国主命は、因幡《いなば》の八上比売《やがみひめ》の愛を得たために「八十神《やそがみ》」と呼ばれる多くの兄たちの恨みをかった。そのため命は、素戔嗚尊《すさのおのみこと》のいる根《ね》の国に行っていくつもの試練をうけて力をつけた。

そして、地上に戻って根の国で得た呪力で八十神を従えた。このあと、大国主命は少彦名命《すくなひこなのみこと》（本章7項、49ページ）と力をあわせて「国づくり」をした。これによって命は「国づくりましし大神」と称えられた。

国づくりとは、人びとに農業や病気治療の方法を教えることをさす。このような神話にもとづいて、大国主命は現在まで縁結び、五穀豊穣《ごこくほうじょう》、産業開発などをもたらす万能の神としてまつられた。

皇室に国を譲る

大国主命の別称のなかに「大国玉神《おおくにたまのかみ》」や「顕国玉神《うつしくにたまのかみ》」というものがある。これは、かつて命が「人びとが居住する土地（国）をまもる魂」だと考えられたことをあらわす。

そして『古事記』などの日本神話には、大国主命が天（高天原《たかまがはら》）にいる天照大神の使者に従って地上の支配権を皇室にさし出す「国譲り」の話が記されている。これは、皇室の祖先である天つ神（天の神）が土地をまもる国つ神より偉いことを主張するものである。

古代に大国主命信仰は、出雲から全国に広がった。そのため、かつては日本のいたるところに出雲系の神社があったとみられるが、中世に祭神を八幡神や天神、熊野の神にかえた神社も少なくない。

つぎに、大和の大国主命信仰の中心地であった大神《おおみわ》神社をとり上げよう。

3 大物主神

疫病の神から王家の守り神に

出雲大社の祭神である大国主命の別名に、大物主神《おおものぬしのかみ》というものがある。この大物主神をまつるのが、奈良県桜井市の大神神社である。

『日本書紀』などは、大物主神と大和朝廷とのかかわりについて、つぎのように記している。

一〇代崇神《すじん》天皇のときに、国内に疫病が流行した。朝廷の人びとがその対策に苦しんでいるときに大王《おおきみ》の大叔母《おおおば》にあたる倭迹々日百襲姫《やまとととひももそひめ》という巫女《みこ》に神託が下った。三輪山の大物主神をまつると、わざわいがおさまるというものである。

百襲姫が大王の命令をうけて大物主神の祭りをとり行なったところ、疫病はしずまった。大物主神は、この後もさまざまな形で王家を助けたというのである。

この伝承にもとづいて、大神神社は現在でも製薬の神として製薬業者の信仰を集めている。また古代の三輪山の水でうまい酒がつくられたために、大物主神は酒造の神ともされた。

山を御神体とする

考古資料によって、大和朝廷誕生のいきさつがうかがえる。紀元二二〇年ごろに約一平方キロメートルの規模をもつ桜井市纏向《まきむく》遺跡が出現したことが明らかにされた。

しかも、遺跡のなかには紀元二二〇年ごろ築かれたとみられる纏向石塚《まきむくいしづか》古墳がある。

その古墳に葬られた最初の大王が、有力な纏向遺跡を本拠とする大和朝廷を起こし

図2-3　三輪山

たのであろう。しかも三輪山から纏向遺跡の成立とほぼ同時期の祭祀《さいし》の跡が出土している。

大和朝廷の成立とともに、王家が三輪山で土地の守り神の祭りをはじめたのであろう。この祭りが、大神神社の祭祀にうけつがれた。現在でも大神神社には御神体を安置する社《しゃ》殿《でん》がない。神社の拝殿から三輪山を拝む形をとっているのだ。

大物主神信仰は、三輪山に住む姿の見えない神をまつるものであった。そして、その方式が現代までうけつがれた。一方、出雲では荒神谷という聖地で姿の見えない神をまつる形がとられていたが、七世紀末の伊勢神宮建設に対応する形で神殿をもつ出雲大社がつくられた。

4 八坂神社

祇園信仰の広まり

出雲神話のなかの大国主命とならぶ主役が素戔嗚尊である。尊は乱暴をはたらいて高天原から追放されたのちに、出雲に降って八岐大蛇《やまたのおろち》という怪物を退治したことで知られる。

素戔嗚尊は、もとは出雲の須佐《すさ》地方の地方神であったが、インド系の祇園《ぎおん》信仰と融合したことによって全国でまつられるようになった。

祇園信仰とは、釈迦《しやか》が説法を行なった、仏教の聖地である祇園精舎《ぎおんしようじや》の守り神である牛頭天王《ごずてんのう》に対する信仰である。この牛頭天王は、牛の頭をもつ恐ろしいインド土着の神であったが、仏教に帰依《きえ》したことによって疫病をしずめて人びとをまもる神になったとされる。

図2-4　八坂神社

疫病よけの茅の輪

牛頭天王と素戔嗚尊とのつながりについて、つぎのような話がある。備後《びんご》国に住む蘇民将来《そみんしょうらい》という貧しい若者が、旅人を手あつくもてなした。するとその旅人が、数年後にふたたび蘇民将来のもとを訪れ、「自分は牛頭天王である」と告げた。

そして、かれに疫病よけの茅《かや》の輪を与えた。これによって六月と一二月の末に大きな茅の輪（「ちのわ」と呼ばれる）をくぐって厄よけをする習俗がつくられたという。牛頭天王は去りぎわに、「われは素戔嗚尊なり」とも語った。このことから、牛頭天王が素戔嗚尊とされたのである。

中世の京都で牛頭天王信仰がさかんであったが、やがて疫病よけの祭りの場は素戔嗚尊をまつる八坂《やさか》神社になった。京都の八坂神社を本社とする八坂神社は全国に約二九〇〇社ある。そこに参拝すれば、疫病よけや災難よけの御利益があるとされる。では、つぎに素戔嗚尊をまつる別系統の神社である氷川《ひかわ》神社をとり上げよう。

5 氷川神社

東国の出雲系信仰

古代に東国と呼ばれた中部地方から関東地方にかけての地域には、出雲系の有力な神社が比較的多い。これは、日本海航路によって大国主命信仰が早い時期に北陸地方に広まったことによるものである。

四世紀までの東国では、日本海沿岸が先進地であった。新しい文化はそこから南下する形で広まったのである。そのため、大和朝廷が太平洋沿岸の航路を用いて東海地方に勢力を広げる前に、東国に出雲系の信仰が行きわたることになった。

さいたま市の氷川神社は、素戔嗚尊とかれの妻の奇稲田姫命《くしなだひめのみこと》、大国主命をまつる神社である。そこはもとは大国主命信仰によって起こされたのであろうが、日本神話で素戔嗚尊が大国主命の上位におかれたために、素戔嗚尊が主祭神のように扱われるようになった。

武芸の神となる

氷川神社は、本来は土地の守り神としての農耕神であった。しかし、関東の武士たちが怪物退治を行なった素戔嗚尊を武芸の神として敬うようになった。平将門《たいらのまさかど》の乱のときに、将門と戦った平貞盛《さだもり》は氷川神社に勝利を祈った。また源頼朝《よりとも》も、そこで武運長久の祈願をした。

このようないきさつで、各地の武士が氷川神社を武神として崇めるようになった。江戸幕府も氷川神社に領地を寄進して社殿を造営している。現在では氷川神社は武運長久や出世をもたらす神として慕われている。

氷川神社は、埼玉県に約一六〇社、東京都に約六〇社ある。その他の地域のものもあわせると約二〇〇社の氷川神社が関東地方にあるが、それ以外の地域には氷川神社がほとんどない。

このことは氷川信仰が、本社のまわりの限られた地域だけに広がったことを物語るものである。八坂神社はインドの信仰と結びついて疫病よけの神として広がったが、全体的に見て日本では、素戔嗚尊の人気は天照大神や大国主命の人気より低かったようである。

6 事代主命

出雲の漁業の神

大国主命の子神の事代主命《ことしろぬしのみこと》は、蛭児《ひるこ》神とともに、恵比寿《えびす》(戎)様としてまつられている。蛭児神のことは3章7項（67ページ）で説明するが、この「えびす神」は海のはてからやってきて人びとに福を授けるものとされていた。

事代主命は、古代に大国主命と対になってまつられていた。大国主命が農耕の神、事代主命が漁業の神とされたのである。古代人は主食を農業で得ていたので、副食となる漁業の神は農耕神より格下の神とみられたため、事代主命は大国主命の子神のなかの一柱とされた。

図2-5　美保神社

事代主命信仰は、漁民が多くいた出雲の美保《みほ》神社（美保関町）から起こったとされている。この神社は、平安時代に書かれた『延喜式《えんぎしき》』にみえる古いもので、現在でもそこでは事代主命がまつられている。

出雲氏が出雲全体を支配して大国主命を自家の守り神にしたときに、美保の首長がまつっていた神を出雲の漁業の繁栄をとりしきる大国主命の子神にしたのである。

海に去る事代主命

事代主命は、海のはてにいる神々の世界から出された指令を人間に伝える役目をうけもつともされた。これは、漁業神である事代主命が自由に海上を往来する力をもつとされたことからくるものである。

日本神話の国譲りの話のなかで、事代主命が高天原からの使者の言葉を聞いて海の彼方に去ったとする部分がある。そこでは、地上の支配権を皇室の祖先に譲った事代主命が、人びとの住む世界から離れて身を隠したとされる。

しかし、事代主命信仰をもつ人びとは、命は地上の支配者でなくなっても折をみて海のはてから人びとを助けにやってくると考えた。そこで、事代主命が「えびす神」としてまつられるようになった。

日本の各地に、事代主命を恵比寿様としてまつる神社がみられる。命は漁業の神、航海の神、商売の神などとされる。七福神信仰が広まる江戸時代に恵比寿神社や、大国主命と事代主命を「大黒、恵比寿」としてまつる神社がいくつもつくられるが、七福神については8章1・3項（132・137ページ）で詳しく記そう。

7　少彦名命

常世国から来た神

古い時代には、神々は海のはての常世国《とこよのくに》に住むと考えられていた。六世紀になって

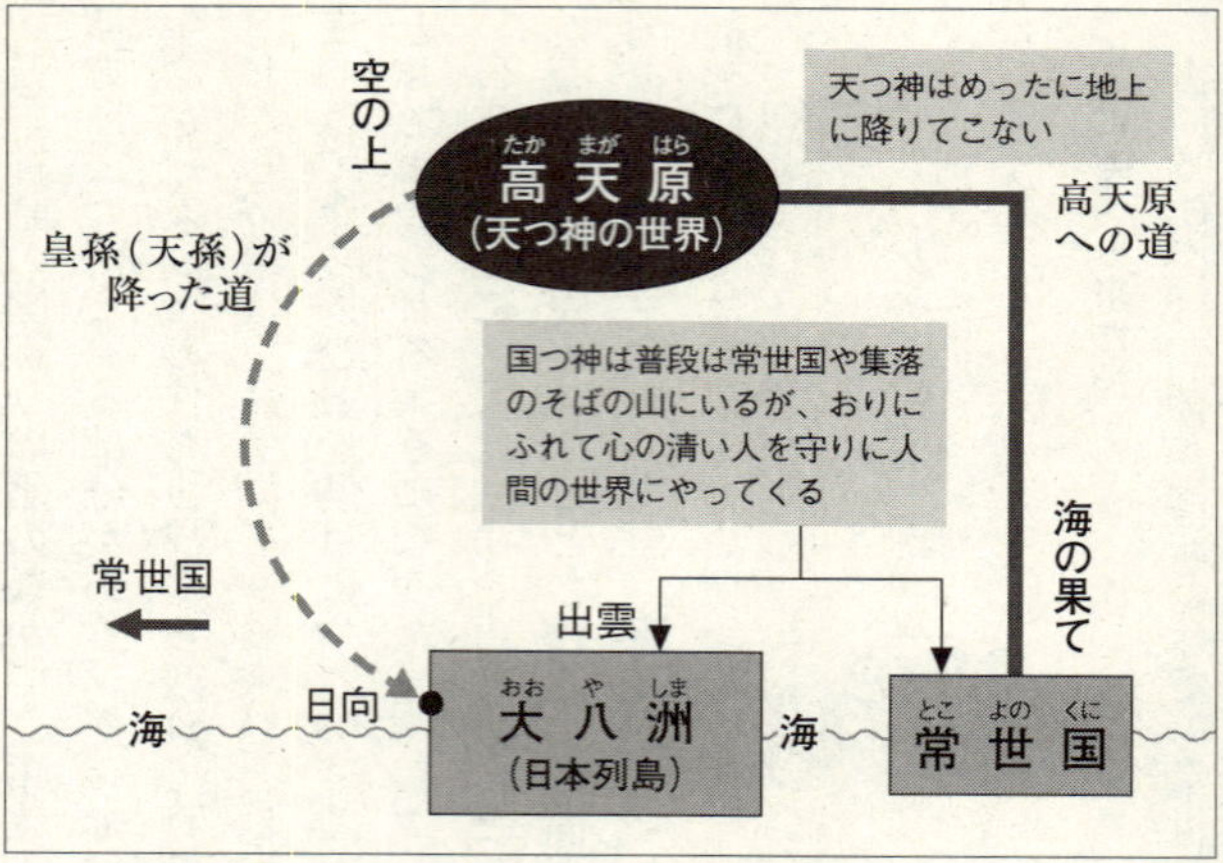

図2-6　古代人の世界観

朝廷で天照大神信仰がさかんになると高天原が神々の世界とされるようになるが、その詳細は3章1項（54ページ）で記そう。

少彦名命は、大国主命の国づくりを助けた常世の神である。大国主命が美保の岬に来たとき、海の彼方からガガイモの殻の船に乗った小さな神がやってきた。これが少彦名命である。

少彦名命は知恵のある神で、大国主命と兄弟になって、ともに国づくりを行なった。しかし少彦名命は、突然、常世国に去っていったという。

命は粟《あわ》の茎に乗って遊んでいたが、命の体重で折り曲げられた茎のもとに戻る力によって、弾き飛ばされ、そのまま常世国に去ったとされる。

医薬の神となる

少彦名命は、大国主命と国づくりをしたときに人びとにさまざまな病気の治療法を教えた。このことによって、のちに命は「薬師《くすし》」と呼ばれる漢方医学にたずさわる人びとの神とされた。

また古代には、酒づくりは薬草とりと同じく大陸のすすんだ知識を必要とする知恵のいる仕事とされた。そのため、宮廷で酒造をうけもった「酒部《さかべ》」たちも少彦名命をまつった。さらに神仏習合が行なわれた平安時代に、少彦名命は医薬をつかさどる仏である薬師《やくし》如来《にょらい》に結びつけられた。

このようにして、少彦名命は日本人に好まれる「体は小さいが知恵のある」神になっていった。現在、少彦名命は病難排除の神や産業開発の神として慕われている。日本の各地に少彦名命をまつる神社や、大国主命と少彦名命とをあわせてまつる神社（茨城県大洗《おおあらい》町の大洗磯前《いそざき》神社など）がある。

3章

神様の頂点、高天原の天照大神

I 太陽神が治める世界

大和朝廷と天照大神

前（2章1項、36ページ）にも記したように、弥生《やよい》時代に土地の守り神である大国《おおくにぬ》主命《しのみこと》信仰が出雲《いずも》から全国に広がった。大和《やまと》朝廷は、その発祥時にそのような土地の守り神としての大物主神《おおものぬしのかみ》を三輪山でまつっていた。

しかし、この形では大王《おおきみ》も地方豪族たちも同様の神をまつることになってしまう。そこで大和朝廷が全国制覇にむけて大きく発展した六世紀はじめに、王家は大国主命よりはるかに高い権威をもつ太陽神が自家の祖先神であると主張しはじめた。この神が、天照大神《あまてらすおおみかみ》である。

天照大神信仰がつくられた直後から、王家の祭祀《さいし》が急速に整備された。それは大和の一首長としての土地の神の祭りから、全国を視野に入れた国家的祭祀への転換であった。

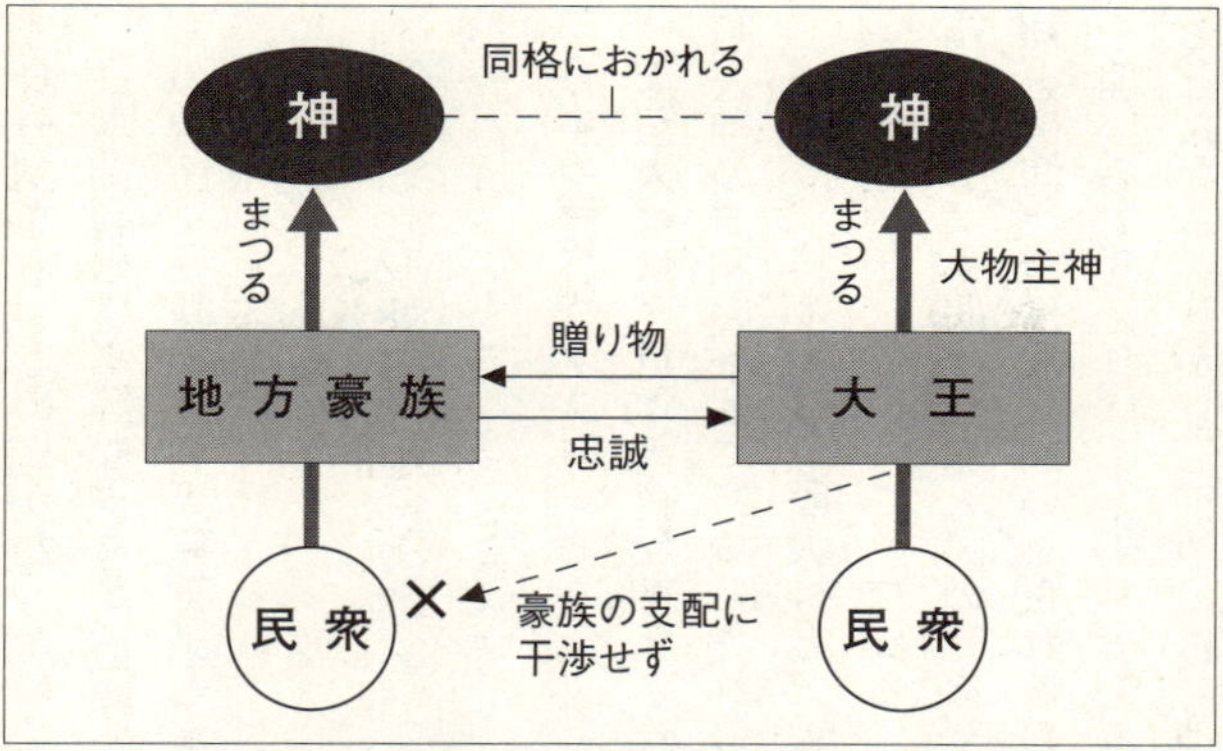

図3-1　5世紀までの大和朝廷の神と豪族の神の関係

天つ神と国つ神

天照大神に対する信仰がさかんになるなかで、大神が住むとされた高天原《たかまがはら》の世界の構想も整ってきた。天照大神に従う多くの神々からなる組織が生まれたのである。そのあるものは、新たに考えだされた神であった。また、もとは土地の守り神であった神で、この時期に高天原の神となったものも多い。

朝廷の有力豪族の祖先神の大部分が、この時期に高天原の神とされた。高天原の神は天つ神、地上にいる土地の守り神は国つ神と呼ばれたが、大国主命のような国つ神は天つ神よりはるかに格下のものとされた。

さらに、天つ神には、天照大神との親疎にもとづく序列があった。本来は平等な神々の世界が、高天原神話がつくられた段階で厳格な身分制をもつものにかわったのである。

日本神話は、平等な神々が活躍する土着的な内容の出雲神話と、皇室（王家）のもとの秩序を反映する高天原神話とがあわさってつくられている。

2 天照大神

日本の総氏神

天照大神は、日本の総氏神《うじがみ》とされる最高神である。神道では、日本列島はすべて天照大神の支配のもとにあるとされる。

つまり、日本人は天照大神と、大神から一つの地域の統治を委任された氏神様に見守られて生活していることになる。天照大神が太陽神とされることは、この点と深くかかわる。人間は誰も太陽の光なしでは生きていけない。そこで、すべての者が太陽神を信仰せねばならないとされるのだ。

理づめで考えれば、太陽神である天照大神は地球上のすべての土地を支配していることになる。しかし、神道には「他民族に天照大神信仰を強要せねばならぬ」という発想はない。

ただ10章7項（173ページ）に記すような、日本人が多く住み、神社がおかれた海外の土地では、天照大神信仰がとられる。

皇室の支配を正当化する天岩戸神話

天照大神の岩戸隠れの話は、日本神話全体の流れのなかのもっとも中心となる位置におかれている。素戔嗚尊《すさのおのみこと》の乱暴に怒った大神が、天岩戸に隠れる物語である。

ここで素戔嗚尊は「穢れ《けが》」を犯したとされる。この場合の穢れは、農耕を妨げることによって秩序を乱すことをさす。

この神話によって皇室（王家）は、天皇（大王）が治める国の安寧《あんねい》を犯す者が出たばあい、太陽が姿を消すこともありうると主張した。そして天岩戸神話では、高天原の神々の祭りによって天照大神が岩戸から出てきたため世界はふたたび明るくなったとする。

これは、高天原の神々の子孫にあたる朝廷の祭官たちが日常行なっている神事の力で、人びとがうっかり犯した穢れが清められているとするものである。このような天照大神信仰の総本山が、次項の伊勢《いせ》の内宮《ないくう》である。

3　伊勢神宮と天照大神

三輪山でまつられていた太陽神

『日本書紀』などは、一〇代崇神《すじん》天皇のときに大和の笠縫邑《かさぬいのむら》で天照大神の祭りがはじまり、つぎの一一代垂仁《すいにん》天皇のときに伊勢神宮がつくられたとする。

しかし、実際には七世紀末の天武《てんむ》天皇のときにはじめて壮大な伊勢神宮が建設されたとみられる。天武天皇のときに、天皇号と日本の国号とが用いられるようになっている。この天武天皇は、日本を中国風の文化国家にしようと考えた人物で、中国の風《ふう》水《すい》思想にも詳しかった。かれが、風水の考えで運のひらける東の方向に天照大神の祭りの場を遷《うつ》した。

大和朝廷の発祥時には、太陽の祭りが三輪山の頂上で大物主神の祭りの一つとして行なわれていた。そして、六世紀はじめに天照大神信仰がつくられたときに、太陽信仰の場が三輪山から笠縫邑に遷された。

笠縫邑の地は「元伊勢」と呼ばれ、現在もそこには太陽神をまつる檜原《ひばら》神社（桜井

図3-2　伊勢神宮内宮

市）がある。

広大な内宮

太陽神が元伊勢から伊勢に遷るのが、前に述べたように七世紀末である。最高神の祭りの場である内宮は、広大な神域をもつ。誰もが五十鈴《いすず》川のところで乗物を下りて、深い神社の森を歩いて拝殿にむかわねばならない。

伊勢神宮の建物は、定期的に建て替えられる（原則として二〇年に一度）。この建て替えにあたって遷宮祭がひらかれる。

伊勢神宮の御神体は、三種の神器のなかの八咫鏡《やたのかがみ》で、それは皇室の祖先にあたる瓊々杵尊《ににぎのみこと》が天照大神から形見として授かったものだと伝えられる。この伝承は後世のものであるが、大和朝廷発祥時の王家の祭器が現在も伊勢でまつり続けられているのであろう。

4　豊受大神

天照大神の食物をつかさどる

伊勢神宮の外宮《げくう》の祭神が、豊受大神《とようけおおかみ》である。外宮は、伊勢神宮の御饌《みけ》の神だとされる。この御饌とは、天照大神の食物をさす。天照大神の食物の調達をうけ負ったのが豊受大神である。

この豊受大神は、本来は天照大神の家来の神であった。しかし、中世以降、農民たちの農耕神としての豊受大神への信仰が高まった。そのため、外宮が内宮とならぶお伊勢参りの目的地とされた。しかし、外宮の社地は内宮のそれよりはるかに狭い。古代に朝廷は、内宮や出雲大社を別格の神社として、そこに広い社地を与えた。それに対し、外宮は地域の有力な神社なみの扱いしかされなかった。

図3-3　伊勢神宮外宮

日本神話にない神

『古事記』などには、豊受大神の神名はみられない。平安時代につくられた外宮の由緒を記す『止由気宮儀式帳《とゆきのみやぎしきちょう》』に、はじめて豊受大神がまつられたいわれが出てくる。

それによれば、天照大神が二一代雄略《ゆうりゃく》天皇（五世紀末の人物）に下した神託によって豊受大神の宮がつくられたことになる。大神が、「私一人では寂しいので豊受大神をそばに呼んでほしい」と告げた。それによって、丹波国から豊受大神を迎えて伊勢の地にまつったという。

この伝承によって、豊受大神がも

とは5章でとり上げるような地方の神々の一つであったありさまがわかる。七世紀末に天照大神が伊勢でまつられるようになってまもない時期、多分、奈良時代はじめごろに太陽神の配下の穀物神として豊受大神が迎えられたのであろう。

江戸時代まで、外宮は異なる地域の農民のあいだの情報交換の場でもあった。新品種の稲をみつけた農民は神に奉納する形でそれを外宮にもち込んだ。

そのあと新たな稲は、外宮から参拝にきた農民たちに分け与えられた。このようにして、外宮は日本の農業技術の向上に大きく貢献してきた。現在、豊受大神は農業、漁業をはじめとする食物、衣服、住居にかかわるあらゆる産業の守り神として信仰されている。

5 伊奘諾尊・伊奘冉尊

日本列島を生んだ神

最高神である天照大神は、伊奘諾尊《いざなきのみこと》の子神にあたる。伊奘諾尊は妻の伊奘冉尊《いざなみのみこと》とともに、別世界の巨大神たちの命令をうけて日本列島を構成する島々を生んだとされる。

このあと、伊奘冉尊は火の神（5章8項、99ページ）を生んだことによって亡くなった。そのため妻である伊奘冉尊は、死者の住む黄泉国《よみのくに》（39ページの根の国と同一のものとされる）の神として、生きている人間をまもる夫の伊奘諾尊と対立することになった。

三貴子の誕生

伊奘諾尊は、地上に住む人間をまもるために、妻とたもとを分かった。天照大神、月読尊《つくよみのみこと》、素戔嗚尊の三柱の有力な神を生んだ。この三柱の神は、三貴子と呼ばれる。

このとき、伊奘諾尊はすぐれた子供ができたことを喜び、天照大神にすべてを託して身を隠したとされる。

このような日本神話に従えば、伊奘諾尊は別世界に去った人間と無関係な神であるということになるが、日本のあちこちで伊奘諾尊がまつられている。

『古事記』	『日本書紀』
①淡路島	①淡路島
②四国	③四国
③隠岐島	⑤隠岐島
④九州	④九州
⑤壱岐	
⑥対馬	
⑦佐渡島	⑤佐渡島
⑧豊秋津洲（本州）	②豊秋津洲
	⑥越洲
	⑦大島
	⑧児島

図3-4　大八洲誕生の順序

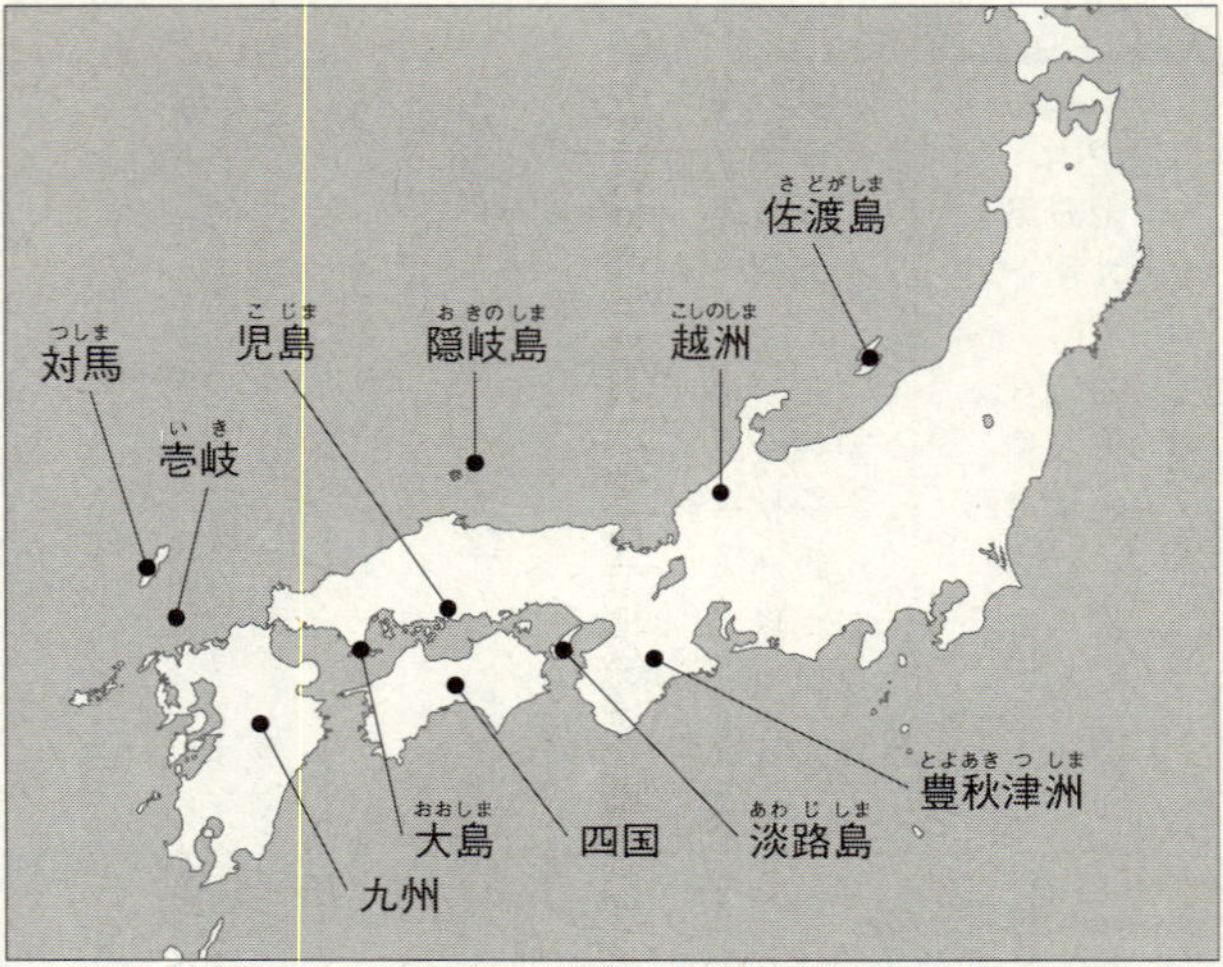

図3-5　国生みに出てくる島

伊奘諾尊は、もとは淡路島の一部でまつられた神であったが、淡路島で伝えられた壮大な国生みの話が朝廷にとり入れられたために、六世紀末ごろに天照大神の父神とされた。それゆえかつて伊奘諾尊信仰の中心地であった兵庫県一《いち》宮《のみや》町に伊奘諾神社がみられる。そこは、伊奘諾尊が最後に鎮まったところだと伝えられる。

国土をつくった強い力をもつ伊奘諾尊は、産業繁栄や商売繁昌の神とされる。近江《おうみ》商人がそのような尊をあつく信仰した。かれらのあいだには、行商の旅に出る前に、尊を祭神とする多賀《たが》神社（多賀町）に旅の安全を祈る習慣がつくられた。

これによって近江商人の成長にあわせる形で、伊奘諾尊信仰が全国に広がることになった。

6　月読尊

食物神を殺す

日本神話のなかに、三貴子のなかの一柱である月読尊が活躍する話はほとんどみられない。三貴子の誕生にあたって、父神である伊奘諾尊は月読尊に「夜《よる》の食国《おすくに》」を治めるように命じたとされる。

これは、太陽神である天照大神が昼の世界を、月神である月読尊が夜の世界を支配することをあらわすものである。

また月読尊が食事をつかさどる保食神《うけもちのかみ》という女神を殺したことによって、女神の死体からさまざまな穀物や家畜が生まれたという神話もある。このあと人びとは保食神がつくり出した作物や家畜を育てて生活するようになったとされる。

これは人間が眠る夜のうちに農作物が成長することを不思議に思った古代人が、月神と作物とを結びつけたことによってできた話であろう。

多様な月神信仰

月読尊にたいする信仰は、さまざまな月をめぐる習俗と結びついて広がっていった。井戸のなかに月が映ることから、月の力が人間に必要な水をもたらすとする発想がつくられた。

また、古代人が月の満ち欠けを見て暦をつくったことによって、月神が暦や四季の移りかわりをつかさどるとされた。さらに、新月の日に月が姿を消しても月はふたたびあらわれ、しだいに明かりを増して満月になる。これを見た古代人は、月は再生や万死をもたらすとした。

こういったことから、月読尊は五穀豊穣《ごこくほうじょう》、不老長寿、諸願成就などの神とされた。中世以後、出羽三山の修験者《しゅげんじゃ》のあいだに月読尊にたいする信仰がさかんになった。これは、かれらが夜旅をしたり、夜間に秘儀とされる神事、仏事を行なったことからくるものである。

かれらが起こした神社のなかでもっとも有力なものが月山《がっさん》神社（山形県立川町）で

あるが、修験者の活躍によって各地に月山神社や月読社が広まることになった。

7　蛭児神

西宮から広がる恵比寿信仰

蛭児《ひるこ》神は事代主命《ことしろぬしのみこと》（2章6項、47ページ）とともに、恵比寿《えびす》神として多くの人に福の神として慕われた神である。蛭児神を祭神とする恵比寿信仰の中心地が、西宮《にしのみや》神社（兵庫県西宮市）である。

そこの社伝は、伊奘諾尊と伊奘冉尊とが葦船《あしぶね》に乗せて海に流した蛭児神が西宮に流れついて恵比寿神になったとする。この蛭児は、日本神話の国生みの箇所に出てくる。伊奘諾尊と伊奘冉尊とが子づくりをしたが、妻が先に声をかけて子供を生んだところ、出来損ないの蛭児ができたという。

かれは、骨のないクラゲのような姿をしており、三歳になっても足が立たなかったので海に捨てられた。しかし、西宮の人びとはこの蛭児を海のはてから来た見なれぬ姿をした神（恵比寿神）としてまつったという。このとき蛭児神に、夷三郎殿《えびすさぶろうどの》という名前が与えられた。そして、その名前がのちに、「戎大神《えびす》」にかわったと伝えられる。

十日戎のにぎわい

海から来た戎大神は、はじめは豊漁や航海安全の神としてまつられた。そして室町時代に西宮のまわりの大阪湾沿岸の都市が瀬戸内海の交易によって栄えると、航海安全の西宮の恵比寿（戎）神が商売繁昌や金運をもたらすとされた。

そして江戸時代に大坂が商業都市として栄えると、大坂商人が福の神として西宮恵比寿をあつく信仰するようになった。西宮神社の神職は室町時代以来、各地をまわってしきりに布教した。かれらは、人形芝居を用いて神徳を語った。

このようにして、西日本を中心とする各地に蛭児神をまつる恵比寿神社が広まっていった。江戸時代の大坂の商家にとって、正月一〇日の恵比寿祭りは欠かせないものになっていた。

かれらは、西宮神社からお札をもらって恵比寿棚をつくり、正月一〇日にそこに鯛《たい》を供えた。この十日戎の日に、西宮神社では福をもたらす縁起物の笹が売られた。現在でも西宮神社十日の戎には一〇〇万人以上の参拝者が集まる。

4章

天照大神の家来筋の神々

I 三島神社

山の神の総元締

日本神話は、伊奘諾尊《いざなきのみこと》と伊奘冉尊《いざなみのみこと》の夫婦の神が日本列島を構成する島々を生んだのちに、日本列島のまもりをつとめる神々を生んだという。この「神生み」の話のなかに、山の神である大山祇神《おおやまつみのかみ》の誕生のくだりもある。

大山祇神は、日本全国の山の神の総元締であるとされる。八百万《やおよろず》の神がいるとする日本人は、大きな山にも小さな山にも山の神がいると考えた。そういった神のなかでひろくまつられた富士山の神、白山《はくさん》の神などもいる（9章4・5項、153・155ページ）。

そしてあらゆる山の神は、大山祇神の指揮下におかれるとされた。日本神話には、大山祇神の娘の木花之開耶姫《このはなのさくやひめ》が天照大神《あまてらすおおみかみ》の孫で皇室の祖先にあたる瓊々杵尊《ににぎのみこと》の妻になったとする。大山祇神は、皇室とも縁つづきの神なのである。

全国に広がる三島神社

大山祇神信仰の中心地は、大三島にある大山祇神社（愛媛県大三島町）である。その神社は、瀬戸内海航路の要地に位置する。この大山祇神社をまつったのが、古代の航海民の首長である阿曇《あずみ》氏である。

大山祇神社の祭神は、海を支配する神をあらわす「和多志《わたし》大神」の別名をもっている。阿曇氏の水軍が朝廷で重きをなしていたことによって、かれらの神が山の神を代表する神として日本神話にとり入れられた。

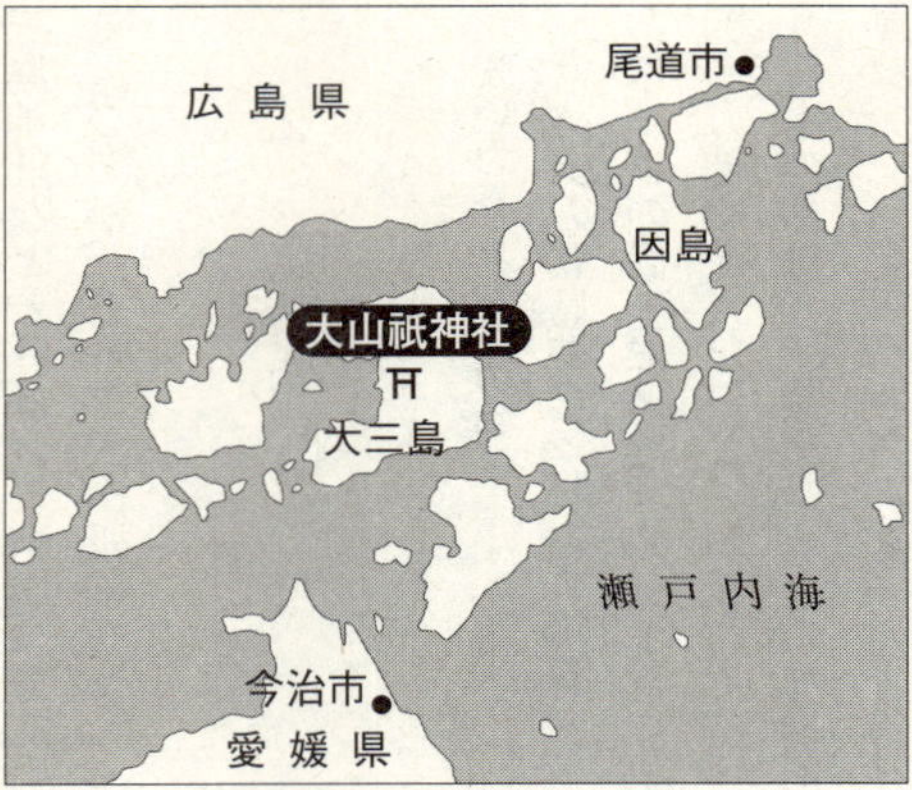

図4-1　大山祇神社

　このような性格をもつ大山祇神社の神は、山林や鉱山の守護神であるとともに、漁業の神、航海守護の神とされる。そして、山から農村に注ぐ川が作物を育てることから、大山祇神は農耕の神とされた。さらに酒が、穀物をもとにつくられるため、その神は酒造の神としてもまつられた。

　大三島の大山祇神社から分かれた山の神をまつる神社は、大三島神社、三島明神、三島神社などと呼ばれて全国に分布している。山から与えられる自然の恵みに感謝する人びとが、各地で大山祇神をまつったのである。

2 鹿島神社

強い力をもつ雷の神

常陸《ひたち》国の鹿島《かしま》神宮（茨城県鹿嶋市）から広まったのが武甕槌《たけみかづち》神をまつる鹿島神社である。この武甕槌神は、前（1章7項、27ページ）にあげた諏訪《すわ》神社の祭神である建《たけ》御名方《みなかた》神を従えたことで知られる。

日本神話は、伊奘諾尊が火の神軻遇突智《かぐつち》（5章8項、99ページの愛宕《あたご》神社の祭神）を斬ったときに武甕槌神が生まれたとする。国譲りの使者として地上に到着したとき、武甕槌神は十握剣《とつかのつるぎ》という長い剣を地上に突き立てて、その上にすわって大国主命《おおくにぬしのみこと》を威圧したと伝えられる。

この剣は、落雷のありさまを象徴するものだと考えられている。タケミカヅチの神名「ミカヅチ」の部分は「御厳雷《みいかづち》」（雷に対する敬称）をあらわすものだとされる。

常陸国でまつられた雷の神が、日本神話にとり込まれたのである。

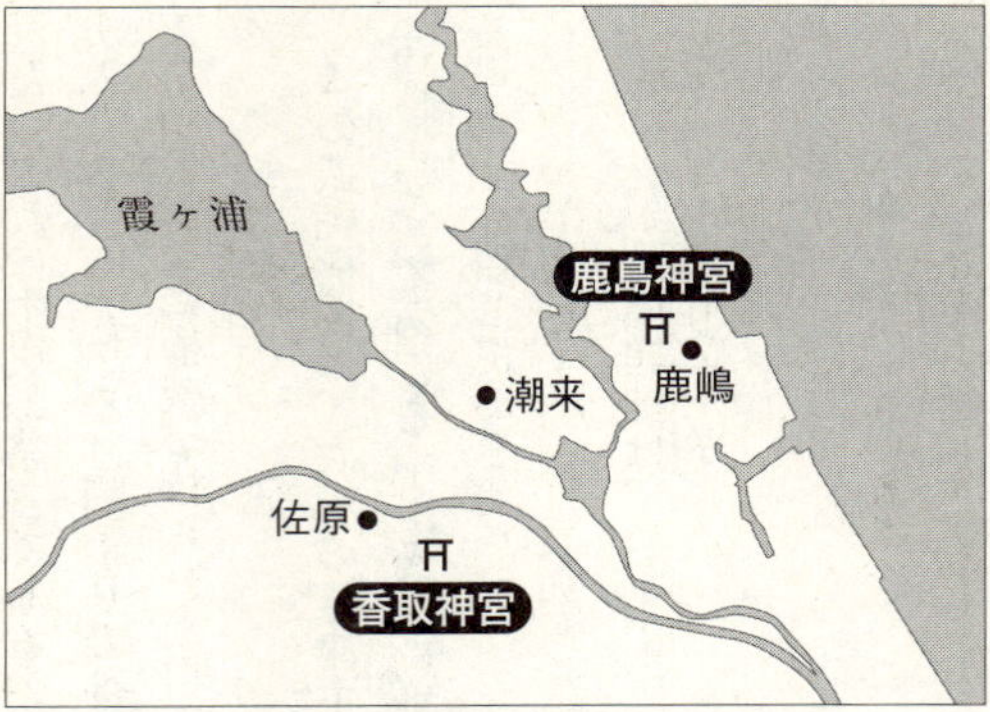

図4-2　鹿島神宮と香取神宮

中臣氏と東国

古代の農民は、雷神をゆたかな水をもたらしてくれる農耕神としてまつっていたとみられる。しかし、国譲りの神話ができたあとには、武甕槌神は皇室（王家）に背くものを討つ武神と考えられるようになった。

そのため、今日では鹿島神社は、武道上達、国家鎮護の神としてまつられている。

武甕槌神を日本神話にとり込んだのは、代々王家の祭官をつとめた中臣《なかとみ》氏ではないかと考えられている。中臣氏は東国のあちこちに領地をもっていた。

そのような中臣氏ゆかりの土地の雷神が、出雲《いずも》氏がまつる大国主命を従えた話がつくられた。これは中央の祭官である中臣氏が朝廷の出雲支配に重要な役割をはたしたことからくるものである。国譲りの神話は、古い伝統をもつ地方の祭祀《さいし》氏族であっても、天皇（大王《おおきみ》）に権威づけられた自家に従わねばならないとする中臣氏の主張をふまえてつくられた。

この武甕槌神は、次項の経津主《ふつぬし》神と深いかかわりをもっている。さらに本章4項（76ページ）であげる中臣氏の氏神《うじがみ》、春日大社《かすがたいしゃ》で武甕槌神と経津主神がまつられている点にも注目しておきたい。

3　香取神社

破邪の剣の神

鹿島神宮とそう離れていないところに、香取《かとり》神宮（千葉県佐原《さわら》市）がある。そこは、経津主神を祭神とする全国の香取神社の元締である。

経津主神も武甕槌神と同じく、火の神軻遇突智の死の際に生まれた神である。この経津主神は霊剣の神だとされる。剣が物を斬る音をあらわす「ふつ」という古代語がである。これは、いまの「ぶっつり」「ぷっつり」といった言葉につながるものであるが、剣が物を斬る音を神格化した神が、香取神宮の祭神であった。「悪霊を斬り退けてくれる神」という意味でその神名がつくられた。

それゆえ、香取の神は武芸の神とされる。現在でも、香取神社をまつる武芸の道場が多い。さらにそこから香取神社は旅人をまもる海上守護、交通安全の神や、武芸で身を立てることにちなんだ出世、開運招福の神ともされた。

国譲りでの微妙な位置づけ

香取神宮と鹿島神宮とは、強いつながりをもっている。秋の御船祭《おふねまつり》のときには、鹿島から香取までの御船の神幸《しんこう》（神の往来）が行なわれる。

香取神社をまつる首長も、鹿島神社をまつる首長も、古代には中臣氏の支配下におかれていた。ところが、主に中臣氏の手で整えられた国譲りの神話のなかで鹿島の神と香取の神とが違った扱いをうけている。

武甕槌神が経津主神とともに出雲への使者になったとするものと、武甕槌神と案内人である天鳥船神《あめのとりふね》とが出雲に行ったとするものとの二通りの伝承がある。しかも経津主神が出てくる話でも、出雲の神と力くらべをしたのは武甕槌神だけであるとされる。

日本神話が整えられた七世紀に、中臣氏が鹿島の神を香取の神の上位においていたのであろう。しかし関東では経津主神の人気が高かったために、香取信仰が今日のような繁栄をみせたのである。

4 春日神社

祝詞の神

奈良市の春日大社の中心となる祭神を天児屋根命《あまのこやねのみこと》という。この神は、中臣氏と藤原氏の祖先神で、天照大神に仕えた祭官の神であるとされる。

天照大神が天岩戸に隠れたとき、天児屋根命は岩戸の前で太祝詞《ふとのりと》（立派な祝詞）を唱えたと伝えられる。このことによって、天児屋根命は、神職が神事に用いる祝詞の神だとされた。古代人は、よい言葉は幸運を呼ぶ力をもつとする言霊《ことだま》信仰をもっていた。そこから、春日神社の祭神は祝詞を通してよい言霊を与えてくれるとされた。

古代人が整えた祝詞には生活の知恵が込められている。そのため、春日大社は知恵の神、さらにそこから開運、出世などのあらゆる願いごとをかなえてくれる神である

図4-3　春日大社

と考えられるようになった。

藤原氏の発展と春日神社

春日大社には、天児屋根命、武甕槌神、経津主神、比売神《ひめがみ》の四柱の神がまつられている。もとは、中臣氏が河内《かわち》国の枚岡《ひらおか》神社（東大阪市）で天児屋根命の祭祀を行なっていた。しかし、中臣鎌足《かまたり》が大化改新（六四五年）のときに手柄を立てたことをきっかけにめざましく出世し、かれの子孫が藤原の姓を名のるようになった。

つまり、文人官僚としての藤原氏と祭官である中臣氏とが分かれたのである。そのため、藤原氏が奈良時代のはじめに、平城京のそばに新たに自家の氏神としての春日大社を起こした。これまで中臣氏は、使者などを送って関東の自家の領地にある鹿島神宮と香取神宮（本章2・3項、72・74ページ）とをまつっていた。

ところが、藤原氏は春日大社で枚岡神社から迎えた天児屋根命のほかに鹿島、香取の武甕槌神と経津主神をまつるようになった。春日大社のもう一柱の祭神である比売神は、春日の神に仕える巫女《みこ》の霊だとされる。

平安時代半ば以降、各地に藤原氏の流れをひく武士（斎藤、工藤、佐藤などの藤の名字をもつものが多い）が広がった。そのため、地方にも春日大社の分社である春日神社が多くつくられた。

5　猿田彦大神

天孫の案内人

猿田彦大神《さるたひこのおおかみ》は、天孫の案内人として日本神話に登場する。天照大神の孫にあたる瓊々杵尊が、地上を治めるために高天原《たかまがはら》から日向国《ひゅうが》に降りてくる天孫降臨《こうりん》の物語がある。

瓊々杵尊は、前項の天児屋根命や次項の天鈿女命《あめのうずめのみこと》をお供にして、雲のなかの道をすすんでいた。すると天の道の分かれるところ（八衢《やちまた》）に猿田彦がいたという。猿田彦は、長さが七咫《ななあた》（約一・二メートル）ある鼻と円く大きい目と光る口をもつ奇怪な姿をしていたという。かれは、「天孫を迎えにきました」と言って、一行の先に立ってそこから日向の高千穂《たかちほ》の峰に導いたとされる。

道祖神になる

日本神話には、この猿田彦の系図は記されていない。後世に天狗《てんぐ》に対する信仰がさかんになると、鼻の高い猿田彦が天狗であるとされた。神社の祭礼で猿田彦の姿を見ることもある。鼻の高い天狗のような面をつけて高下駄をはいて鉾《ほこ》を持った者が、神輿《みこし》の先導役をつとめるのである。

天孫の案内人になったとする伝承によって、猿田彦は旅人の安全をまもる神とされた。古くから道のそばに神聖な石をおいて邪悪なものを防ぐ習俗があったが、のちに道祖神《どうそじん》と呼ばれたそのような石が猿田彦だとされた。

現在でも、猿田彦は交通安全の神として信仰されている。警察にも交通違反の取り締りを行なう猿田彦がまつられている。さらに道祖神の役割にもとづいて、猿田彦の神には災難よけ、方位よけや延命長寿の御利益があるとされる。椿大神社《つばきだいじんじゃ》（三重県鈴鹿市）が猿田彦信仰の総本山である。

もとは伊勢の地方神であった猿田彦が、伊勢神宮建設に関連して日本神話にとり込まれたのであろう。路傍の道祖神まで含めれば、猿田彦の祭場は数千におよぶであろう。

6　天鈿女命

神を慰める舞楽

天鈿女命は、天照大神に仕える巫女の神である。日本神話は、彼女の舞いの呪力によって天照大神が天岩戸から出てきたとする。

大神が岩戸に隠れて世界が闇になったときに、高天原の神々は岩戸の前で祭りを行なって太陽神を呼び出そうと考えた。日本人は、神々は人間と同じように、酒や御馳《ごち》走《そう》や歌や踊りが大好きだと考えていた。

そこで、岩戸の前で天児屋根命が神をたたえる祝詞をよんだあとに、にぎやかな音楽がはじまった。それにあわせて、巫女をつとめる天鈿女の舞いがはじまった。舞いを舞ううちに、さまざまな神の霊が鈿女のもとに降りてきて、祭りはおおいに盛り上がった。

神々が楽しくて笑い声を上げたとき、天照大神はその仲間に加わりたいと岩戸の戸をあけた。この神話にもとづいて、現代でも巫女が演ずる御神楽《おかぐら》が神社の祭祀に欠かせないものとされている。

個人が神職に祈禱《きとう》や祓《はら》いを頼むときにも、神事の前に巫女が鈴を鳴らして舞いの形をとることになっている。

猿田彦との出会い

天鈿女は、天照大神の命令によって地上に降りる瓊々杵尊のお供をつとめた。ところが、かれらの行く先に猿田彦という正体のわからない神があらわれた。日本神話はこのとき天鈿女が男装してかれを詰問したという。

それにたいして猿田彦は「私は天孫にさからうつもりはない」と応え、天孫の案内役をつとめた。このことが縁となって、天鈿女は猿田彦と夫婦になり、猿田彦の故郷の伊勢にむかったという。

『古事記』などには、天鈿女の系譜は記されていない。鈿女はもとは、巫女の女神として男性の神の猿田彦と対になった伊勢の地方神であったと思われる。

天岩戸伝説にもとづいて、天鈿女は技芸上達の神として信仰されている。鈿女信仰の総本山と呼ぶべき椿岸神社《つばきぎし》(三重県鈴鹿市)は、猿田彦をまつる椿大神社に接しておかれている。そこに参拝する花柳界の芸者さんや芸能人も多い。

京都市の車折《くるまざき》神社の境内にも、天鈿女命をまつる芸能神社がある。そこでは、近くの東映京都撮影所の関係者の姿が時おり見かけられるという。

5
章

地方の神々

I　日吉神社

比叡山の山の神

日本神話をまとめるときに、皇室（王家）はなるべく多くの神を自家の祖先神である天照大神《あまてらすおおみかみ》と結びつけようとした。しかし、日本全国にいる数多くの首長がまつる神をすべて一つの系譜にまとめることはできない。

そのため、日本神話に組み入れられなかった地方神も多く出た。そういったもののなかには有力な神がいくつかみられる。

日吉《ひえ》（「日枝」とも書く）神社は、比叡《ひえい》山の勢力拡大とともに比叡山のふもとの日吉《ひよし》大社（「ひえたいしゃ」とも呼ばれる）から全国に広がった。日吉神社の祭神は、大山《おおやま》咋神《くいのかみ》と呼ばれる。また、この神を仏教風に「山王権現《さんのうごんげん》」と名づける場合もある。「権現」とは、仏が神の形で権《かり》にあらわれたありさまをさす。

天台寺院とともに栄える

平安遷都のあとしばらくたった延暦《えんりやく》七年（七八八）に、最澄《さいちょう》が都の鬼門（北東の方角にある悪い方位）をまもるために比叡山寺（八二三年に延暦寺と改称された）を創建した。この寺が比叡山の山頂につくられたために、最澄が大山咋神を寺の鎮護神とした。

そのため、延暦寺は比叡山の山の神にまもられていることにちなむ「比叡山」の山号を用い、比叡山延暦寺と称するようになった。

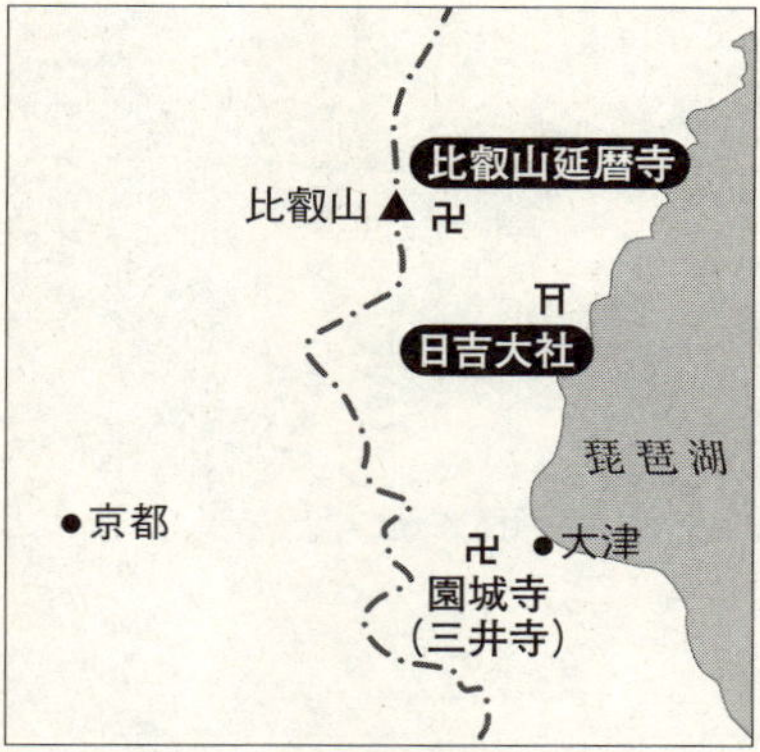

図5-1　日吉大社と延暦寺

最澄は唐に渡って天台宗の教えを身につけて帰国したのであるが、かれが学んだ天台宗の総本山、天台山国清寺《こくせいじ》には大地の神をまつる山王祠《さんのうし》という道教の祠《ほこら》がおかれていた。このことにちなんで、大山咋神は「日吉山王」と名づけられた。

大山咋神は、『古事記』などの神々の系譜にみえない一介の地方神であったが、天台宗の力で家内安全や農業などの産業振興の御利益をもつ有力な神になったのである。現在、全国に約二〇〇〇社の日吉神社がある。東京では江戸幕府が崇敬した赤坂の日枝神社が有名である。

図5-2　赤坂日枝神社

2　松尾神社

日吉神社と同系統の神

京都の西部（西京区）にある松尾大社の祭神は、前項の日吉大社の祭神と同じ大山咋神である。松尾の神にたいする信仰は、天台宗と結びついた日吉信仰とは別の経路によって全国に広まった。そのため、現在では各地に一〇〇〇社近くの松尾神社がみられる。

大山咋神は、最初は丹波《たんば》国の神であったとみられる。丹波国は昔は湖であったが、大山咋神が川をつくって湖水を海に流したおかげで、水が干上がって農業ができるようになったという伝承がある。

山の多い丹波の各地の農民が、各々、山の神である大山咋神をまつっていたのであろう。そして、秦《はた》氏（22ページ）という有力豪族が五世紀末に朝鮮半島南部から山城や丹波に移住してきた。

かれらは、丹波国の大山咋神信仰をとり入れて、自分たちの本拠地である松尾山でその神をまつった。これが松尾大社である。

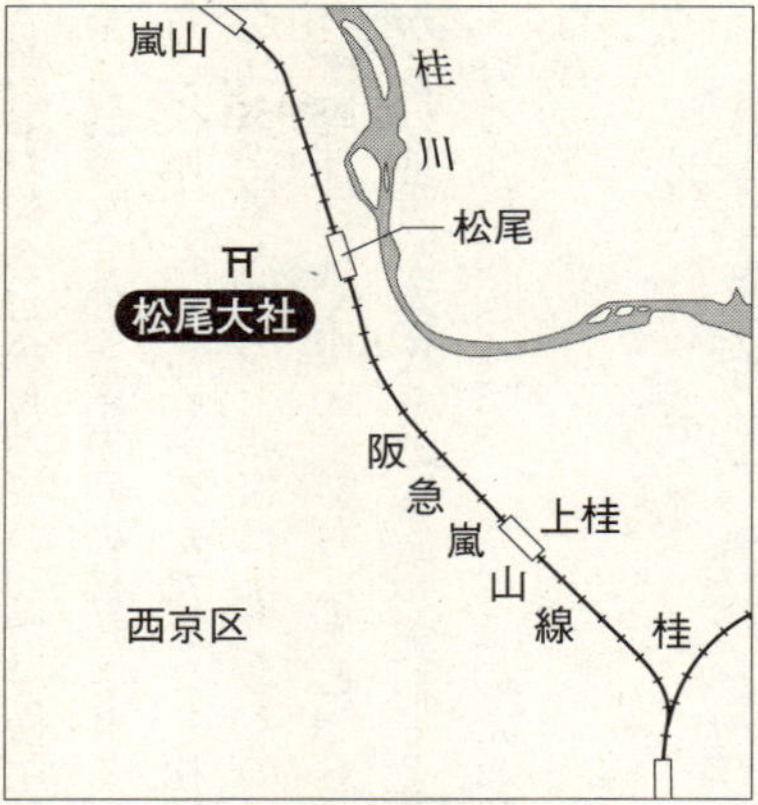

図5-3　松尾大社

秦氏の発展と松尾神社

松尾神社は、京都最古の神社であるとされる。秦氏は、朝鮮半島からすすんだ農業技術をもって、七万人あまりの農民、商工民を従えて日本に来た。かれらの手で京都盆地から丹波方面につらなる範囲（古代の山陰道、現在の山陰本線が通っている地域を中心としたもの）の開発が急速にすすんだ。

この動きのなかで、大山咋神が山の神か

ら農業の神へとかわっていった。松尾神社の祭神は、日吉神社の祭神と同じく家内安全、農業などの産業振興の神とされる。さらに、酒造の神である大神《おおみわ》神社の祭神がのちに松尾大社に合祀《ごうし》されたために、松尾神社は醸造業の神ともされた。一一月にひらかれる松尾大社の上卯祭《じょううう》には、多くの杜氏《とじ》（日本酒づくりにあたる職人）が集まる。松尾神社は、秦氏の勢力拡大とともに各地に広がっていった。しかし、平安時代末からは地方の秦氏系の豪族が実利をもたらすとされる稲荷神《いなり》（1章4項、21ページ）を好むようになっていった。そのため松尾神社の広がりは、稲荷神社のそれにはおよばない。

3 貴船神社

賀茂川の水の神

京都の北方の貴船山《きぶね》に、貴船神社がまつられている。その神は、人びとにゆたかな水をもたらしてくれる山の神だとされる。

賀茂川沿いで生活する古代の農民がまつった、賀茂川の水をもたらしてくれるとされる神のなかの一柱が貴船神社の祭神である。そこの神は、「高龗神《たかおかみのかみ》」という難しい名前をもつ。この神は、日本神話には出てこない。

もとは山の上にいることによって「お上《かみ》」の神と呼ばれたのであるが、奈良時代ごろには「おかみ」とは雨乞《あまご》いをあらわす言葉だと説明されるようになった。

貴船の神は、蛇の姿をして雷を思いのままに操れるとされた。この神は、本来は貴船山のまわりでまつられた地方神であったが、平安遷都のあと王室が京都の守り神のなかの一柱として貴船神社を重んじるようになった。

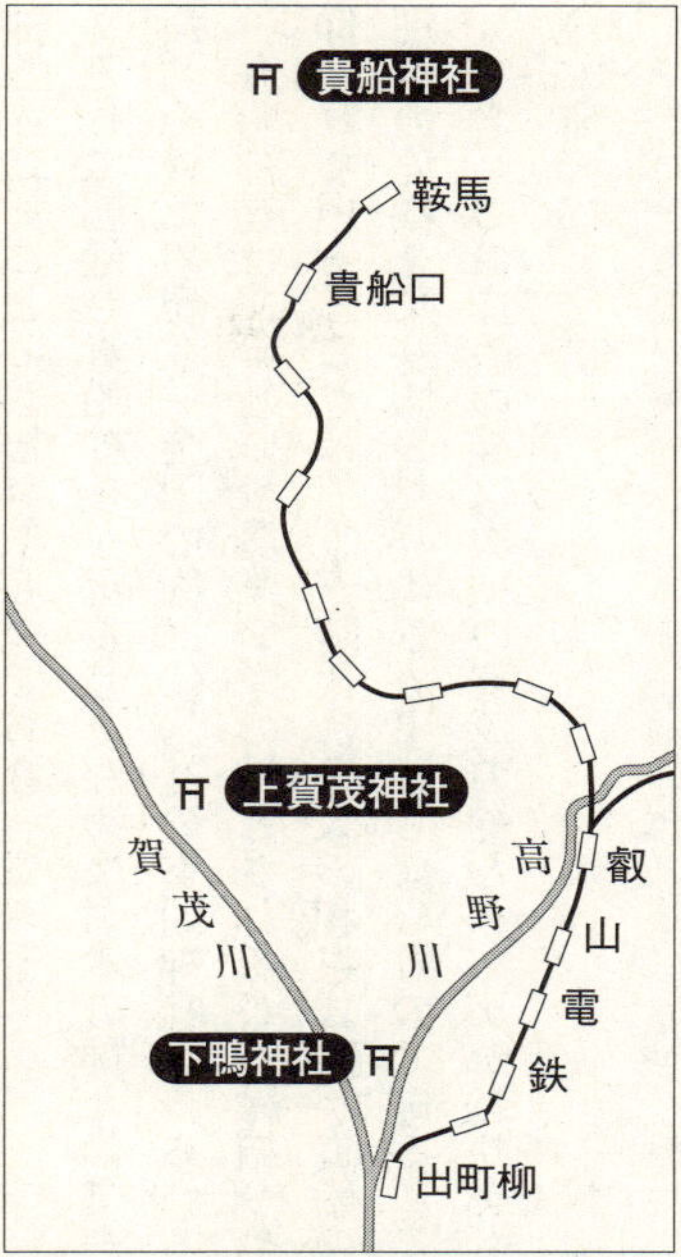

図5-4　貴船神社、上賀茂・下鴨神社

縁結びの神となる

平安時代に朝廷は、貴船神社でしきりに祈雨《きう》（雨乞い）、止雨《しう》（長雨を止めるように願うこと）の祈禱《とう》を行なった。これは、そこの神が水の神とされたことにもとづくものである。

そして朝廷が貴船神社を重んじたために、水の神としての貴船信仰が各地に広がった。そのため現在、全国で約三〇〇社の貴船神社がみられる。

貴船神社は、雨乞いや農業繁栄の神とされるが、縁結びや夫婦和合の神としても信仰されている。これは、平安時代に歌人の和泉式部《いずみしきぶ》が貴船の巫女《みこ》の祈禱によって夫婦別離の危機を乗り切ったとする故事にちなむものである。

なお、この貴船の神は次項の賀茂の神と深いかかわりをもっていた。そのことはつぎに記そう。

4 上賀茂・下鴨神社

母神と御子神

前項の貴船の神の信仰圏より下流の賀茂川流域でまつられたのが、賀茂の神であった。そこは古代豪族、鴨《かも》氏の勢力圏であった。

京都の賀茂神社は、御子神である別雷神《わけいかづちのかみ》をまつる上賀茂神社と、母神玉依姫《たまよりひめ》と姫の父の建角身命《たけつぬみのみこと》をまつる下鴨神社とからなる。上賀茂・下鴨の総称が賀茂神社であるが、各地の賀茂神社ではたいてい上賀茂の神と下鴨の神とがあわせまつられている。この賀茂の神は、日本神話に出てこない地方神である。

賀茂の神の起こりについて、つぎの伝承がある。建角身命は賀茂の地をまもる神であったが、かれの娘の玉依姫が瀬見《せみ》の小川で水遊びをしているときに一本の赤い矢を拾った。

この矢を床のあたりにおいていたところ、姫は妊娠して別雷神を生んだという。実はその矢は、大山咋神（本章1項の日吉神社と2項の松尾神社の祭神）の化身であった。有力な山の神である大山咋神の力をもらった別雷神は、雷や水をつかさどる力をもっていたとされる。

京都の守り神になる

下鴨神社の祭神である玉依姫が貴船に来て、山の神をまつる社を建てたのが貴船神社の起こりであるとする伝承もある。このことは、貴船の首長をはじめとする賀茂川沿いの勢力が鴨氏の指導のもとにおかれていたことを物語る。

それゆえ、皇室は平安京の建設にあたって鴨氏の協力を得なければならなかった。

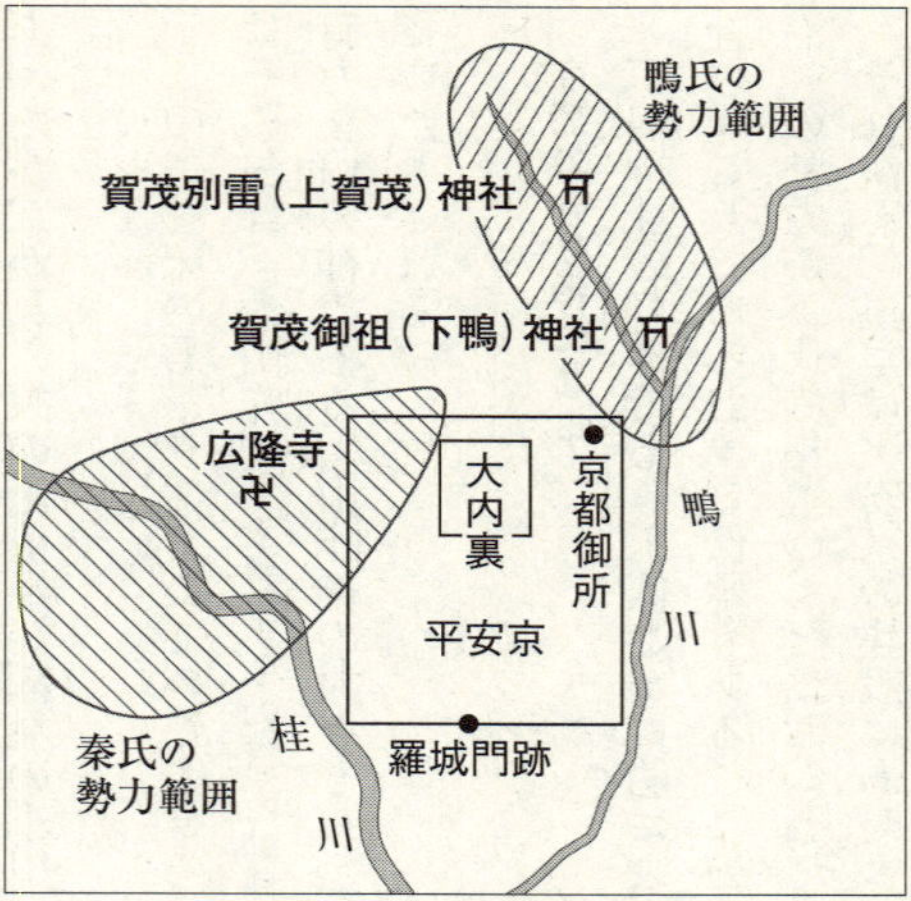

図5-5　平安京と二大豪族

そのため平安京を起こした桓武《かんむ》天皇は、賀茂の神を京都の守り神とした。それからまもない時期に、朝廷の手で大がかりな賀茂祭がひらかれるようになった。

平安貴族たちは、着飾った祭使がねり歩く賀茂祭見物を楽しみにした。京都の三大祭りの一つ葵《あおい》祭りは、この賀茂祭の系譜を引くものである。鴨氏の流れをひく武士たちによって、地方にいくつか賀茂の神をまつる神社がつくられた。賀茂神社は、水をつかさどる農耕神や雷の威力で悪いものを退治する災厄よけの神社として信仰されている。

5　石上神宮

古代豪族物部氏の氏神

奈良県天理《てんり》市にある石上神宮《いそのかみ》は、大和《やまと》朝廷発祥以来の古社である。そこは、古代豪族の物部《もののべ》氏の氏神《うじがみ》とされた。物部氏は最初に王家に従った有力豪族である。王家は物部氏と協力して奈良盆地を平定した。

このいきさつがあったため、王家は五世紀末ごろまで石上の神を自家の守り神である大物主神《おおものぬし》（2章3項、40ページ）と同等に扱った。ところが六世紀に王家は、大物主神より格上とされる天照大神を自家の祖先神とした。

これをきっかけに、石上の神が粗略に扱われるようになっていった。石上の神が日本神話の神系図に出てこないことは、物部氏のそのことにたいする不満とかかわるものであろう。そして、六世紀末に物部守屋《もりや》が仏教受容に反対して蘇我馬子《そがのうまこ》に討たれた。

この事件が、石上神宮の後退を決定的にした。守屋と別系統の物部氏の家は貴族として続くが、かれらは石上の祭司としての役割を離れ、中国文化を身につけた能夫と

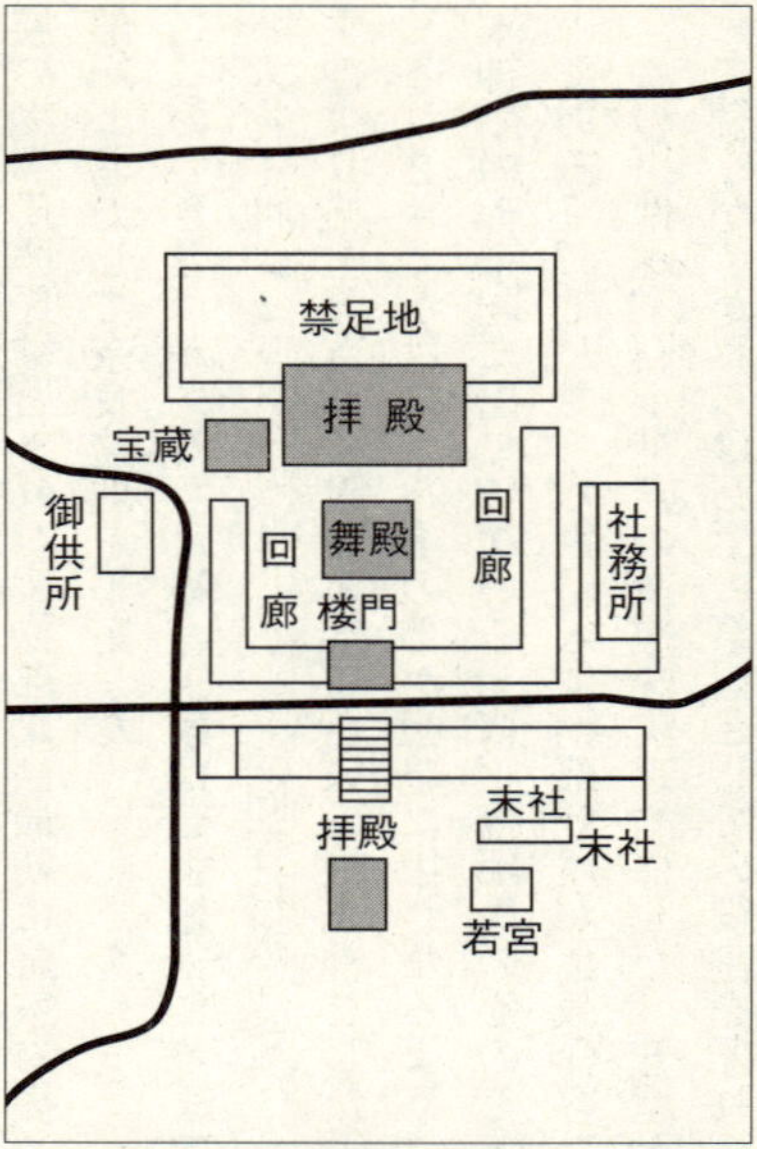

図5-6　石上神宮社殿配置図（明治7年）

して生きる道を選んだ。

本殿をもたない神社

石上神宮には拝殿はあるが本殿はない。神が降りてくるところは、人びとが足をふみ入れてはならない禁足地とされている。このありかたは三輪山を御神体とする大神《おおみわ》神社のつくりと共通する。大神神社と石上神宮だけに、大和朝廷発祥時（三世紀はじめ）の信仰のありかたがうけつがれたのである。

物部氏とのかかわりが薄れたのちにも、石上神宮は伝統のある古社として朝廷や武家からあるていどの保護をうけた。しかし信仰の担い手がいないために、石上神宮は地方には広がらなかった。

石上神宮の主祭神は武甕槌神《たけみかづち》（4章2項、72ページ）が高天原《たかまがはら》から地上に降した霊剣、布都御魂神《ふつのみたまのかみ》だとされる。剣神であるその神は、災難よけや武運長久の御利益があるとされる。

6 住吉神社

大阪湾の海神

大阪の住吉《すみよし》大社をはじめとする住吉神社は、住吉三神と呼ばれる海神をまつる神社である。そこは、航海安全や豊漁の神として船主や海産物業者の崇敬を集めている。海上交通の拠点に住吉神社がおかれたため、全国に約二一〇〇社の住吉神社がみられる。

住吉三神は、伊奘諾尊《いざなきのみこと》（3章5項、62ページ）が禊《みそぎ》をして体を清めたときに生まれた、底筒男命《そこつつのおのみこと》、中筒男命《なかつつのおのみこと》、表筒男命《うわつつのおのみこと》の三柱である。しかし、禊のときに住吉三神が生まれたとする話は、日本神話の完成間近の段階で新たに加えられたものであるらしい。

その話はもとは、阿曇《あずみ》氏がまつる三柱の海神だけが生まれる形をとっていたとみら

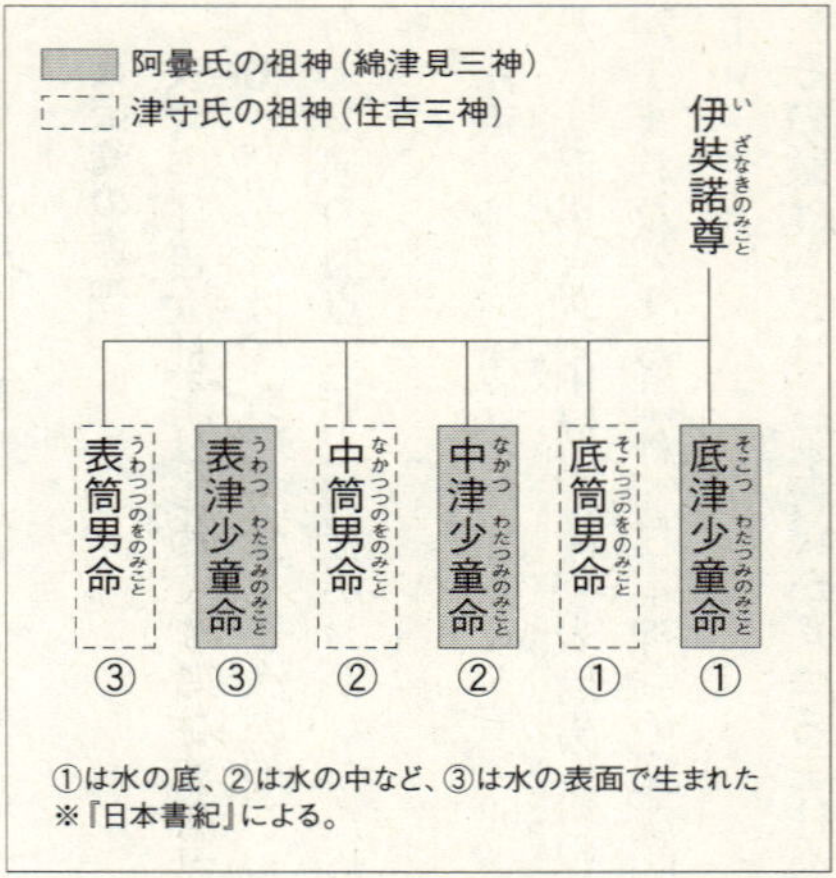

図5-7　六柱の海神

れる。阿曇氏は早くから朝廷の水軍の指揮官として王家に重んじられていた。

そのため、かれらがまつる海神と山の神（4章1項の三島神社）が、日本神話の重要な位置におかれた。

和歌の神となった住吉の神

そのままでは住吉の神は、賀茂の神のような地方神で終わったろう。しかし、大化改新（六四五年）後の難波《なにわ》宮の建設に津守《つもり》氏が深くかかわった。この功績によって、朝廷が難波宮のそばの住吉大社を重んじるようになり、そこの祭神を禊の話のなかに組み込んだ。

しかし、津守氏は住江《すみのえ》と呼ばれた難波の港の南方に勢力を張る地方豪族にすぎなかった。

遣唐使が送られた時代に、朝廷は、住吉大社に遣唐船の航海安全を祈るためのささげ物をするようになった。また平安時代になると、住吉の神が和歌の神ともされるようになった。これは、遣唐船で中国に渡って勉強した知識人が住吉大社を信仰したことによって、住吉三神が学芸の神ともされるようになったためである。

7　熱田神宮

霊剣草薙剣

名古屋にある熱田《あつた》神宮（熱田区）は、皇室の三種の神器の一つとして知られる草薙《くさなぎの》剣《つるぎ》をまつる神社である。そこの祭神は、熱田大神と呼ばれる。日本武尊《やまとたけるのみこと》（6章1項、102ページ）が尾張《おわり》国を治める尾張氏のもとにおいていった草薙剣をまつるために、尊の妻の一人である尾張の宮簀媛命《みやずひめのみこと》が熱田神宮を起こしたと伝えられる。

霊剣である熱田大神の名前は、日本神話の神々の系譜には出てこない。しかし、熱田大神を伊勢神宮の祭神である天照大神の分霊であるとする見方もある。

日本武尊は東国遠征にむかう途中に、伊勢神宮の倭姫命《やまとひめのみこと》のもとに立ち寄った。そして、身の守りにするために伊勢にあった霊剣を、姫から与えられたとされる。

このような説明から、草薙剣が伊勢の神霊を宿すものであったとされるのである。

航海民がまつる太陽神

日本武尊は、草薙剣を宮簀媛に預けて伊吹山の神の退治にむかったため命を落としたとされる。『古事記』などにみえるこの話は、熱田神宮の神威を強調するものだといえる。

尾張氏は、熱田のあたりに本拠をおく航海民で、朝廷の水軍を指揮した阿曇氏と近い関係にあった豪族である。かれらは古くから霊剣を御神体として太陽神をまつっていたが、王家の天照大神信仰の発展のなかで、かれらの神が天照大神と融合していった。

そのため尾張の霊剣が伊勢から来たという話がつくられ、熱田神宮が伊勢神宮の別社のような扱いをうけるようになった。こういったいきさつで、熱田神宮は国土安穏、家門隆盛などを御利益とする伊勢神宮に似た性格の神社になった。

また伊勢信仰の広まりと関連する形で、熱田の神をまつる神社が全国に数百社つくられている。

8　愛宕神社・秋葉神社

修験者が広めた防火の神

愛宕《あたご》神社や秋葉《あきば》神社は、防火の神として知られる。いずれも日本神話で火の神とされたカグツチの神をまつるが、愛宕社や秋葉社の祭神は「迦具土神《かぐつちのかみ》」と表記されることが多い（『日本書紀』は「軻遇突智」とする）。

愛宕の神も秋葉の神も、もとは山の神としてまつられた地方神であった。愛宕信仰は京都の愛宕神社（右京区）から広まった。平安京がつくられたのちに、そこは京都の西北をまもる都城鎮護の神として朝廷に重んじられた。

そして、都をまもる神なら家の安全もまもれるであろうと火よけの神とされた。秋葉信仰は、静岡県の秋葉神社（浜松市）から起こった。そこの山の神が強い霊力をもつ神とされたことによって、剣難、火難、水難をよける神として信仰されたのである。

愛宕信仰は愛宕山、秋葉信仰は秋葉山で修行した修験者《しゆげんじや》の手で全国に広められた。このためカグツチ信仰は、各地の愛宕神社、秋葉神社の数をあわせると数百社になるほどの隆盛を示した。

陶器業の守護神となる

日本神話のなかで、カグツチは伊奘諾尊に斬られた悪神とされている。しかし、修験者たちがカグツチの神を火よけの神としてまつったため、カグツチの神が火が生み出す恵みをもたらす神としてもまつられるようになった。

これによって鍛冶《かじ》や陶器職人の、愛宕社や秋葉社にたいする信仰が起こった。そのため、焼物の産地にカグツチの神をまつる陶器神社がつくられた。

このようにしてカグツチの神は、鎮火、火難よけ、陶芸の繁栄などをもたらす神としてひろくまつられるようになっていったのである。

6章

神様にされた伝説上の人物

I　日本武尊

大和朝廷の英雄

最古の歴史書である『古事記』と『日本書紀』の記事は、三つの部分に分けられる。神話と伝説と実録とである。

神話と伝説の区分は、神々の物語とされたものと、初代の天皇といわれる神武《じんむ》天皇以後の出来事とされたものとの区別に対応する。そして、六世紀以降の時代の記事には実録が多くなるが、五世紀以前の大和《やまと》朝廷にかかわる記事には単なる伝説とすべきものが多い。この伝説の時代の人物で、後世に神としてまつられた者がかなりいる。

そのなかの代表的な人物が、日本武尊《やまとたけるのみこと》である。かれは九州や東国に遠征した朝廷の将軍であったが、かれを慕う人びとによってあちこちに尊のための神社がつくられた。現在、日本武尊は諸願成就、出世、商売繁昌などの御利益をもたらす神とされている。

悲劇の最期

日本武尊伝説について、かんたんに記そう。尊は、父である一二代景行《けいこう》天皇の命令で、南九州の熊襲《くまそ》を討って都に帰った。ところが、国内はまだ不安定で、東北地方の蝦夷《えみし》の反乱が起こった。このときの朝廷に、頼りになる将軍はいなかった。

年代 （天皇の治世による）	出来事
景行　27	熊襲を討ちに南九州へむかう。
景行　28	大和に凱旋する。
景行　40	蝦夷を討ちに東方にむかう。 伊勢神宮に参拝し、神剣（草薙剣）をもらう。 草薙剣を尾張国の宮簀姫のもとに置いて伊吹山にむかい、そこの神の祟りで命を落とす。
（没後）	熱田神宮で草薙剣をまつるようになる。

図6-1　日本武尊年譜（『日本書紀』による）

そのため九州遠征で疲れきっていた日本武尊が、死を覚悟して遠征におもむいた。蝦夷は、日本武尊が持つ銅鏡の呪力《じゅりょく》に脅えて朝廷に従ったが、尊は帰途に伊吹山の神を退治しそこない、命を落とした（98ページ）。このとき大和に帰りたいと願う尊の魂は、巨大な白鳥になって大和にむかって飛んでいったという。

日本武尊が帯びていた草薙剣《くさなぎのつるぎ》をまつる熱田《あつた》神宮では、尊が相殿の神とされている。また、酉《とり》の市（年末に縁起物の熊手を売る市）で知られる東京の鷲《おおとり》神社や花園《はなぞの》神社でも日本武尊がまつられている。

2 神功皇后

三韓遠征伝説

神功《じんぐう》皇后は、一四代仲哀《ちゅうあい》天皇の后で、つぎに記すような三韓遠征伝説の主人公とされた女性である。仲哀天皇は、「新羅《しらぎ》（朝鮮半島の小国）を討て」という神託をうけたが、それに従わなかったために神罰によって没した。

このあと、神功皇后は夫の葬礼をすませて男性の姿をして武内宿禰《たけしうちのすくね》を従えて新羅を討ちに出発した。彼女は住吉《すみよし》三神（5章6項、95ページ）を守り神として、船団を組んで朝鮮半島にむかった。すると、船が起こす波が津波となり新羅の各地を浸した。

このことに驚いた新羅王は、皇后に降伏した。するとそのことを聞いた高句麗《こうくり》も百済《くだら》も、日本に従ったという。『古事記』などは、このときの神功皇后の功績によって朝鮮半島が大王《おおきみ》の支配をうけるようになったとする。

聖母神として慕われる

神功皇后は、三韓遠征を終えて筑紫《つくし》（北九州）に帰ってきたときに、応神《おうじん》天皇を生んだとされる。平安時代に八幡《はちまん》信仰が高まるなかで、この応神天皇が八幡神とされるようになった（1章5項、23ページ）。それからまもなく、応神天皇を生んだ神功皇后

年代（天皇の治世による）	出来事
仲哀　2	皇后になる。
仲哀　9	仲哀天皇が崩御したため、神功皇后が三韓遠征を行なう。
神功　元	帰国後、摂政を行なう。 応神天皇の異母兄の麛坂王、忍熊王を討たせる。
神功　52	百済が七支刀を献上する。
神功　69	崩御する。

図6-2　神功皇后年譜（『日本書紀』による）

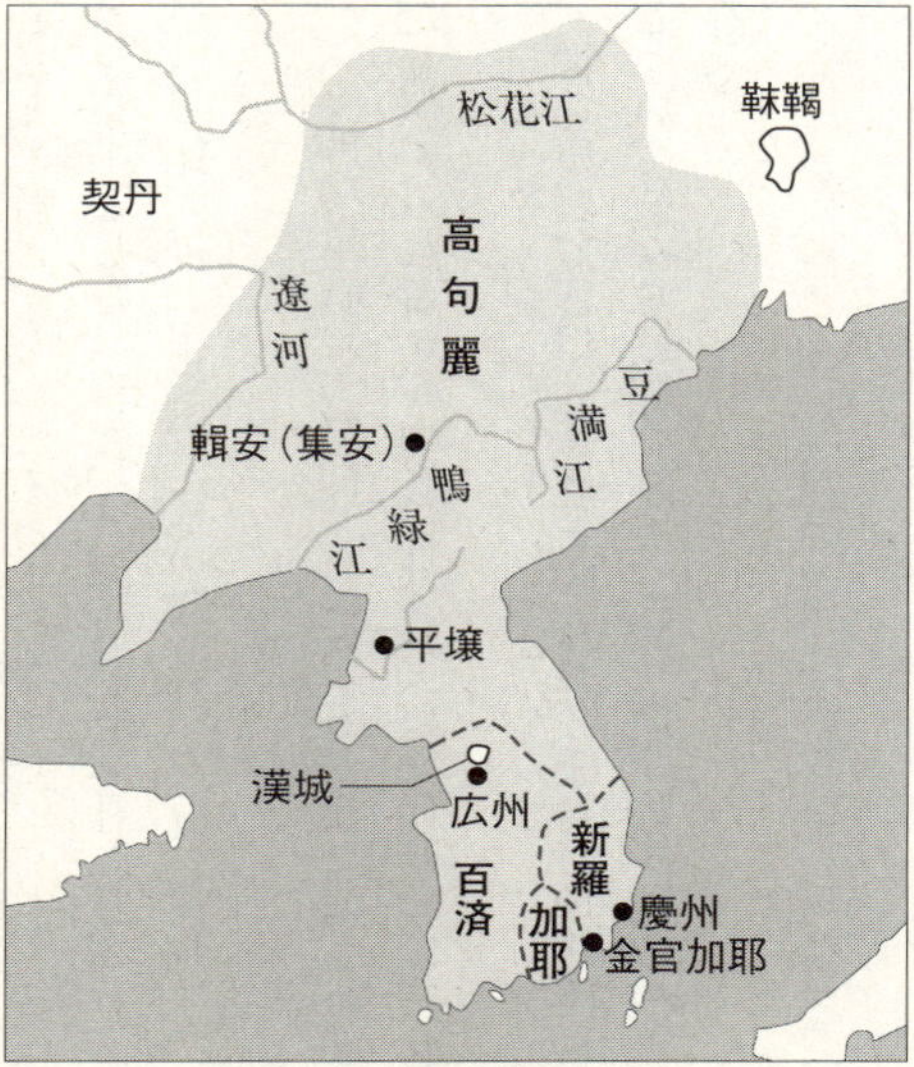

図6-3　4世紀の朝鮮半島

も聖なる母の神としてまつるべきだとの考えがとられるようになった。

そのため、各地の八幡宮が彼女を祭神とした。現在、八幡宮の総本社と呼ぶべき宇《う》佐《さ》八幡宮では、応神天皇、神功皇后、比売神《ひめがみ》（宇佐の土地の守り神とされた海神）の三座がまつられている。

また北九州の香椎宮《かしいのみや》（福岡市）は、神功皇后を主祭神としている。そこは、神功皇后が亡き仲哀天皇をまつった地だと伝えられるが、のちに仲哀天皇に代わって神功皇后がそこの中心になったという。

神仏習合がすすんだ中世には、神功皇后は聖母大菩薩《だいぼさつ》と呼ばれ、子育ての守護神とされた。また三韓遠征の話にもとづいて彼女を武神とみて、勝ち運や病魔退散の御利益を神功皇后に求める信仰もある。

3　吉備津彦命

吉備津の桃太郎伝説

岡山市の吉備津《きびつ》神社の祭神が、吉備津彦命《きびつひこのみこと》である。命は、一〇代崇神《すじん》天皇のときに

図6-4　吉備津神社

「西方の敵を平定せよ」という命令をうけて吉備国（岡山県と広島県東部）におもむき、古代豪族、吉備氏の祖先になったとされる。

吉備津神社には、つぎのような鬼退治伝説が伝えられている。

はるか昔に、異国からやってきた鬼が吉備国に住みついた。かれは、もとは百済国の王子で、名を温羅《うら》といった。

温羅は、吉備津神社から西北へ一〇キロメートルほど行った片岡山に鬼の城をつくり、多くの家来を従えていた。この鬼の一味の悪事に、周囲の農民たちは苦しめられていた。そのため、吉備津彦命が大王の命令をうけて鬼を討ちにむかったという。命は、現在、吉備津彦神社のある吉備の中山に陣を設けて、鬼の一味を倒した。そのため、のちに中山の地に命をまつる神社が建てられたという。岡山の人びとは、これがもとになって桃太郎の鬼退治の話ができたというが、似た伝承は他の地方にもいくつかみられる。

三か所の一宮

吉備津彦命は、もとは吉備の人びとがまつる、吉備氏の祖神とされた土地の守り神であったらしい。岡山市の吉備津神社は、古代に吉備氏の本拠地であった備中にあるが、備前には吉備津彦神社（一宮町《いちのみやちょう》）、備後には吉備津神社（新市町）がある。

ここにあげた三か所の神社は、備前、備中、備後の一宮とされた神社である。平安時代に一つの国のなかでもっとも格上とされた神社が「一宮」と呼ばれた。吉備津彦命は、吉備では権威ある神とされたが、他の地域ではほとんど信仰されなかった。

そのような神が、王家の神話や系譜を整えるときに七代孝霊《こうれい》天皇の王子とされたのである。つまり、吉備津彦命は神から人へとかえられたわけであるが、これは主に吉備氏の意向にもとづいてなされたとみられる。

地方神の子孫とされずに、王家から分かれた家として扱われることが、吉備氏の地位を高めることにつながったのだ。本来は土地の守り神であった吉備津彦命には、産業振興、家内安全、延命長寿など多様な御利益があるとされている。

4　武内宿禰

日本一の長寿

武内宿禰《たけしうちのすくね》は、一二代景行《けいこう》天皇から一六代仁徳《にんとく》天皇にいたる五代の大王に二二四年間にわたって仕えたと伝えられる伝説上の人物である。大化改新（六四五年）までの朝廷では、臣下の長である大臣《おおおみ》が大王につぐ地位にあった。

武内宿禰は、最初に大臣になった人物だとされる。そして、葛城《かつらぎ》氏、蘇我《そが》氏といった大臣を出した有力豪族はすべて自家を武内宿禰の子孫とする系譜をもっていた。

そのような武内宿禰は、二九五歳の長寿であったとされる。もっとも、かれの寿命については、二八二歳説、三〇七歳説、三一二歳説もある。そうはいっても、景行天皇から仁徳天皇にいたる大王にまつわる話自体にも伝説的要素が多いので、武内宿禰

年代（天皇の治世による）	出来事
景行　25	北陸、東方の視察に派遣される。
景行　27	視察から帰り、蝦夷を討つべきだと進言する。
成務　3	大臣になる。
仲哀　9	神功皇后に従って三韓に遠征する。
応神　9	弟の甘美内宿禰と争って勝つ（甘美内宿禰は紀伊国に流される）。
仁徳　50	仁徳天皇に長寿を祝福される。

図6-5　武内宿禰年譜（『日本書紀』による）

長寿説は信頼しうる根拠に立つものではないといえる。

霊媒者の神

『古事記』などの伝説のなかで、武内宿禰は神に近い霊力をもつすぐれた大王の補佐役として登場する。そのなかで、宿禰が神功皇后とともに住吉三神をまつり、三韓遠征を指揮する話（本章2項、104ページ）が注目される。

この伝説から、霊媒として八幡神となった神功皇后を助けるお伴の神としての武内宿禰の役割が考え出された。宿禰に高良玉垂神《こうらたまだれのかみ》の名前を与えてまつる高良《こうら》大社（久留米《くるめ》市）は、そこの祭神を八幡宮の第一の随神《ずいしん》としている。

八幡信仰の広まりとともに、各地に武内宿禰をまつる神社がつくられた。そのなかの宇倍《うべ》神社（鳥取県国府町）は、武内宿禰の昇天の地とされている。

長寿伝説にちなんで、武内宿禰は延命長寿の神とされるが、その他に宿禰には立身出世、子育ての御利益もあるという。これは、宿禰が長く大臣の地位にあったことや、かれの子孫が有力豪族になったことにちなむものである。

5　野見宿禰

相撲の起源

野見宿禰《のみのすくね》は、日本の国技とされる相撲《すもう》の神様である。大相撲の力士で、宿禰に技の上達を祈る者も多い。

『日本書紀』が記す相撲の起源の物語は、つぎのようなものである。

一一代垂仁《すいにん》天皇のときに大和国の当麻《たいま》村に「天下におれにかなう者はいないだろう」と豪語していた当麻蹶速《けはや》という者がいた。かれのことを聞いた大王は、蹶速と対抗できる勇者を探して力くらべをさせようと考えた。

そのとき、一人の臣が、出雲《いずも》に野見宿禰という剛力の者がいると申し上げた。これを聞いた大王は長尾市《ながおいち》を遣わし、宿禰を呼びよせて、蹶速と対決させた。

このときの勝負は、宿禰が蹶速を蹴《け》り殺す形で決着がついた。大王はこのとき、宿禰がすぐれた人物であることを見ぬき、かれに都にとどまって自分に仕えるように勧めたという。この宿禰が、王家の葬礼をつかさどる土師氏の祖先である。そして、奈良時代末に土師《はじ》氏から菅原氏が分かれている。

土地の神が力士の神に

野見宿禰と当麻蹶速の相撲の物語は、朝廷で七月七日に行なわれた相撲の節会《せちえ》の起源を説明するものであるとされる。その節会は、日照りのおそれのある真夏に力くらべを見せて、田の神を喜ばせて十分な雨を降らしてくれるように願うものであった。

野見宿禰は、もとは土師氏の祖先神で野原の神であった。蹶速（物を蹴倒すようにすべてのものを破壊する悪神）が暴れたために雨が降らずに農民が苦しんでいたところに、野原の守り神がやってきて悪神を退治する。このような筋の神楽《かぐら》が相撲の原形であるが、やがて善悪二神の役にあたる者が実際に力くらべをする形の相撲がつくられたのである。

野見宿禰はもとは古い時代の神であったが、『日本書紀』などの伝説が整備される過程で、垂仁天皇の時代に土師氏が大王の葬礼を担当するようになったという話が整えられて、野見宿禰が垂仁朝の人間とされた。

相撲が行なわれたと伝えられる地につくられた桜井市の穴師坐兵主《あなしにますひょうず》神社の末社に、野見宿禰神社がある。そこではかつて敵どうしであった宿禰と蹶速がともにまつられている。また、当麻寺の参道には相撲の敗者である蹶速をたたえる碑がある。

天神《てんじん》信仰（1章6項、25ページ）にもとづいてつくられた山口県の防府《ほうふ》天満宮は、菅原道真《すがわらのみちざね》と土師氏の祖先神である天穂日命《あめのほひのみこと》、天夷鳥命《あめのひなどりのみこと》、野見宿禰との四柱の神をあわせまつる形をとっている。これは、周防《すおう》国の土師氏がその神社を起こしたことにもとづくものである。

武神である野見宿禰は武芸上達や開運の御利益があるとされる。

7章

神様になった人間

I　平将門

怨霊信仰と神々

　前章では神様としてまつられた伝説上の人間をとり上げたが、本章では神様となった実在の人間をとり上げよう。

　前（1章6項、25ページ）に記したように全国に一万三〇〇〇社ほどある天神社《てんじん》（天満宮）の祭神は、平安時代の学者政治家、菅原道真《すがわらのみちざね》である。すぐ前（6章5項、111ページ）にとり上げた野見宿禰《のみのすくね》は、この道真の先祖だとされる。つまり、神様の子孫の一人が神様になったという興味深い現象になっているのだ。

　平将門《たいらのまさかど》は菅原道真の少しあとの時代の武人で、東京の神田明神《かんだみようじん》などでまつられる神様であるが、かれは道真に権威づけられる形で神とされるようになった。道真と将門をまつらせたのが、平安貴族のあいだに流行した怨霊《おんりよう》信仰である。

　かれらは恨みをのんで死んだ者をまつらねば、祟《たた》りに見舞われると考えていた。

図7-1　神田明神

菅原道真の神託

菅原道真が亡くなった（九〇三年）あと、京都では道真の祟りとされる天災が続いていた。そのころの国政は藤原時平《ときひら》、忠平《ただひら》の兄弟の専権のもとに乱れきっていたが、とくに「受領《ずりょう》」と呼ばれる地方官の腐敗がいちじるしかった。

そういったなかで平将門が、関東で受領の悪政から農民を救うための反乱を起こした。将門はたちまち武力で関東地方を制圧した。このとき将門に仕える巫女《みこ》にお告げが下った。「われは菅原道真である。今から将門を関東の新たな王にする」というのである。これを聞いて将門は「新皇《しんのう》」と名のり、朝廷の支配から自立すると宣言した。弱い立場の者をまもる政治を行なおうとして、権臣藤原時平に退けられた菅原道真の言葉には、農民たちの心をとらえる力があった。

将門の占領地の農民は、そのお告げによって、「将門様が受領の苛政にかわるよい政治を行なってくれる」と信じたのである。しかし、将門はまもなく朝廷の機嫌とりをする藤原秀郷《ひでさと》らに討たれた。

これによって将門の死を悲しむ農民たちの手で、将門の怨霊の話が広められた。そのため、各地で将門の霊がまつられることになった。神田明神はもとは、大国主命《おおくにぬしのみこと》と少彦名命《すくなひこなのみこと》をまつる土地の守り神であったが、鎌倉時代にそこで平将門をあわせまつるようになった。

江戸幕府ができてまもなく、二代将軍秀忠《ひでただ》が神田明神を江戸城下の総鎮守とした。このことによって神田祭が江戸、東京を代表する華やかな祭りになっていった。神田明神をはじめとする将門関連の神社は、武運長久、災厄退散などの御利益があるとされる。

2　柿本人麻呂

万葉集時代を代表する歌人

柿本人麻呂《かきのもとのひとまろ》は、四一代持統《じとう》天皇治世から四二代文武《もんむ》天皇の時代にかけて活躍した宮廷歌人である。人麻呂の和歌がよまれた時期は、奈良時代の直前にあたる。

『万葉集』に、人麻呂の長歌が一六首、短歌が六一首おさめられている。かれの作品は、人麻呂と同時代に活躍した山部赤人《やまべのあかひと》の和歌とともに、万葉調の和歌を身につける者が必ず学ばねばならないものとされた。

人麻呂に代表される万葉の和歌には、感情や目の前の風景を素直によみ込んだものが多い。さらにこの時代の作品が、和歌全体を口にする者に心地よい言葉を選んでつくられていることにも注目したい。

怨霊信仰と和歌の神

柿本人麻呂の実像は、明らかでない。かれは大和《やまと》朝廷の有力豪族の一つである春日《かすが》氏の流れをひくことは確かだが、学界の主流は人麻呂が下級の役人のままで終わったとする考えをとっている。それに対して、柿本猿《さる》という身分の高い役人と人麻呂とが同一人物ではないかとする説もある。

この柿本猿はなんらかの事情で失脚し、左遷もしくは処刑された。そこから、人麻呂の別名をもつ柿本猿の怨霊を慰めるために人麻呂信仰がはじまったとみることもできる。

あるいは、人なみ外れた文才をもちながら、満足のいく地位に昇進できなかった人麻呂に同情した者が、かれをまつったのだろうか。

人麻呂信仰は小規模な形ではじまったが、平安時代半ばの『古今和歌集』が人麻呂を「歌仙《うたひじり》」とたたえた。これをきっかけに、人麻呂が和歌上達の神としてまつられるようになった。

さらに、「人麻呂」の名前が「火止まる」や「人生《う》まる」に通じることから、柿本人麻呂は火難よけや安産の神ともされるようになった。現在では島根県益田《ますだ》市の柿本神社、兵庫県明石《あかし》市の柿本神社をはじめとする、約二〇〇社の人麻呂ゆかりの神社がある。

3　徳川家康

神様となった偉人

神様としてまつられた平安時代末までの人物の多くは、いったん怨霊となったのちに人びとの生活をまもるようになった人びとである。そして保元《ほうげん》の乱（一一五六年）の敗者で、讃岐国《さぬきのくに》に流された崇徳《すとく》上皇が最後で最大の怨霊とされた。京都の白峯《しらみね》神宮は、この崇徳上皇をまつる神社である。

源平争乱にはじまる戦乱は、すべて崇徳上皇の怨念《おんねん》から起こったとされたため、朝廷が讃岐で上皇の霊をまつるようになった。そして、明治天皇のときに京都に白峯宮《しらみねぐう》（白峯神宮の前身）がつくられ、崇徳上皇の霊が京都に戻ることを許されたのである。

崇徳上皇の怨霊騒ぎのあと、怨霊信仰は下火になった。そのため、鎌倉時代から室町時代にかけて活躍した人物が神とされた例は少ない。

そして戦国時代以後、有力者が安易に神としてまつられるようになった。自分のための神社をつくれ、と遺言した戦国武将もいた。また、偉人を慕う者が神社を起こす

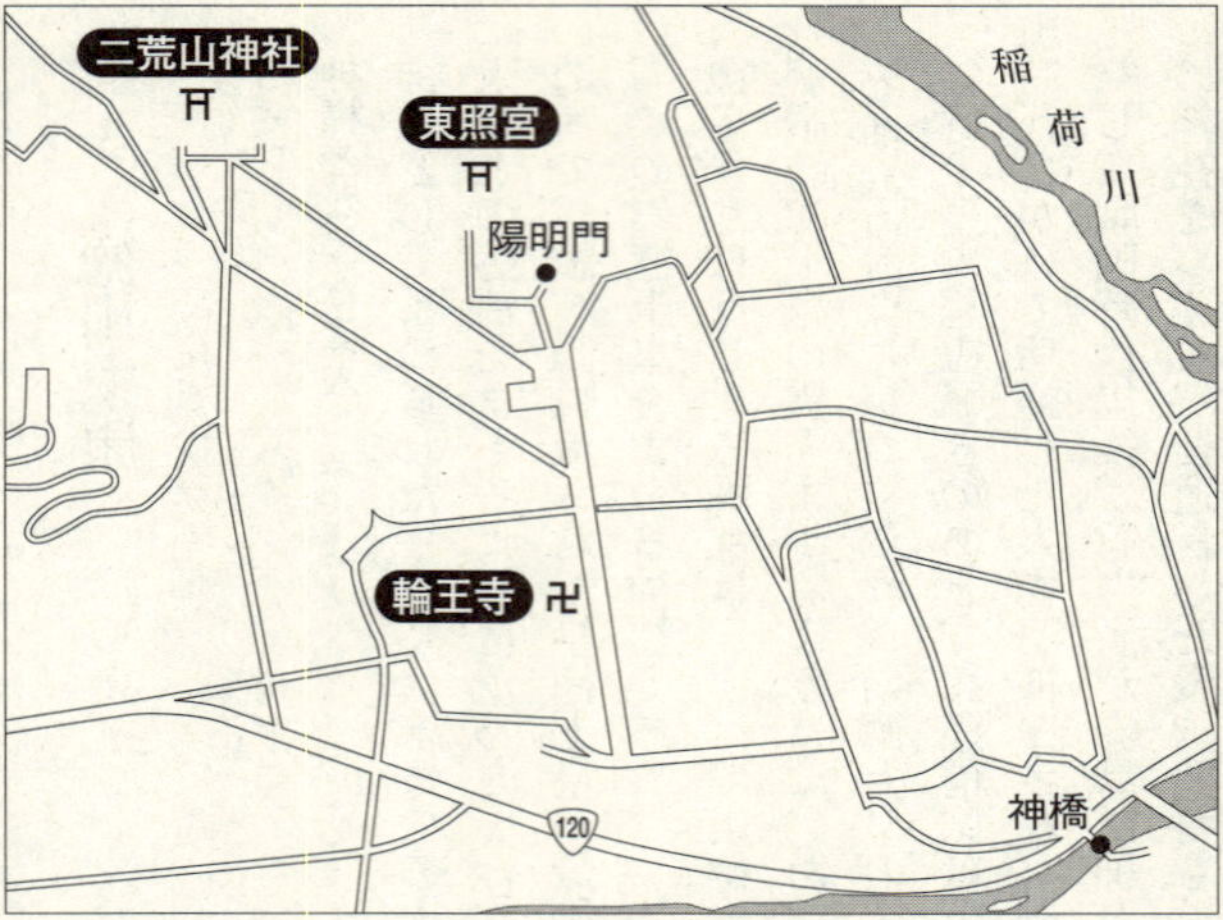

図7-2　日光二社一寺

こともあった。

東照宮の建設

日光東照宮は、戦乱期の武将をまつる最大の神社である。そこの祭神とされた徳川家康《とくがわいえやす》は、国内統一をなしとげたあと、自分が神になることを願った。

そのため、幕府によって久能山《くのうさん》東照宮（静岡市）と日光東照宮が建てられた。これは、家康の遺命により、かれの遺骸《いがい》がいったん、久能山に埋葬され、一年後に山岳信仰の霊場である日光に移されたことによる。そこには、下野国《しもつけ》の一宮である二荒山《ふたらさん》神社や修験者《しゅげんじゃ》があつまる輪王寺《りんのうじ》があった。

東照宮の建設は、幕府の申し出によって朝廷から家康に東照大権現の神名が贈られていたことを根拠とするものであった。歴代の将軍は、日光東照宮をあつく信仰した。さらに、有力大名の城下町などにも東照宮が建設された。

江戸時代に全国で三〇〇社ほどの東照宮があった。このなかには明治以降廃絶したものも多く、現在では一〇〇社ほどの東照宮がのこっている。天下統一をなしとげた家康をまつる東照宮には、出世開運の御利益があるといわれる。

4　明治神宮

国家神道による神社の建設

明治維新のあと神仏分離が行なわれ、明治政府の神道を国教とする方針が打ち出された。神道によって天皇の権威を高めようとするこの時代の神道は、「国家神道」と呼ばれる。

国家神道の考えにもとづいて明治時代以降に、過去のすぐれた天皇や国家に功績の

図7-3　明治神宮

ある人物をまつる多くの神社がつくられた。桓武《かんむ》天皇と孝明《こうめい》天皇を祭神とする平安神宮（京都市）や、織田《おだ》信長《のぶなが》をまつる建勲《たけいさお》神社（京都市）、国学者の本居宣長《もとおりのりなが》をまつる本居神社（三重県松阪市）などがその代表的なものである。

近代科学が日本にとり入れられた時代に、神様の世界と人間の世界とをへだてる塀《へい》が低くなったという奇妙な現象が起こったのである。

明治天皇と縁結び

このような動きのなかで、明治天皇をまつる広い敷地をもつ明治神宮が建設された。大正二年（一九一三）に帝国議会で明治天皇のための神宮造営が決議され、その七年後に約七〇万平方メートルの広さをもつ明治神宮が完成した。

この間に、明治天皇の皇后であった昭憲《しょうけん》皇太后が没した（一九一四年）ため、皇太后の御魂《みたま》も明治神宮に合祀《ごうし》されることになった。

明治神宮は、東京の総鎮守として多くの人びとの信仰を集めた。とくにそこで明治天皇と皇后がまつられていることから、明治神宮には縁結び、夫婦和合、家内安全などの御利益があるといわれるようになった。

そのため、若い男性や女性で明治神宮に良縁を祈願する者が多く出た。

現在でも、正月三が日に約五〇〇万人の参拝者が明治神宮を訪れる。そのなかには、将来の幸福を祈願する若いカップルも多い。

5　靖国神社

東京招魂社の建設

神道には、もとは戦死者をまとめて一か所でまつるという発想はなかった。死者は

図7-4　靖国神社

すべて、各々の家の先祖の一人として家の御霊舎《みたまや》と墓地でまつられてきたのである。

ところが明治維新後まもなく、明治政府のなかから維新戦争のときの官軍の戦没者を慰霊する施設をつくるべきだとする声が出てきた。そのため、明治二年（一八六九）に東京の九段に東京招魂社《しょうこんしゃ》が建てられた。この前の年には、京都に霊山招魂社（いまの京都霊山護国神社）がつくられていた。また、各藩でも招魂社がつぎつぎに建てられていた。

東京招魂社では、まず鳥羽《とば》・伏見《ふしみ》の戦いから箱館《はこだて》戦争までの戦没者三五八八体の霊がまつられた。

戦後の靖国神社

東京招魂社の名称は、明治一二年（一八七九）に靖国《やすくに》神社と改められた。この社名変更は明治天皇の意向に従ったものであった。「靖国」とは国を平安にする「安国《やすくに》」を意味するもので、平和な国づくりをするために戦死者をしのぼうとする発想をあらわすものであった。

このあと、日清戦争にはじまる対外戦争の戦死者がつぎつぎに靖国神社にあわせまつられた。太平洋戦争中は、戦意高揚のためにしきりに有力者の靖国参拝がなされた。終戦によって靖国神社は国家の保護下をはなれて一宗教法人となったが、戦没者の遺族などの支えによって存続した。

靖国神社は、本来は戦没者に感謝するための神社で、実利を求めてそこに参拝すべきではないと思われる。しかし、現在ではそこの神には家内安全、商売繁昌、立身出世などのさまざまな御利益があるといわれる。

6 軍神をまつる神社

明治時代の国家神道のもとで、神社が政治的役割を担わされるようになった。政府にとってつごうのよい「国民の手本とすべき人物」が神としてまつられるようになったのである。

軍神の誕生

この動きのなかで、「軍神」がつくり出された。明治政府は徴兵制をとり、すべての国民が日本国のため、天皇のために命を投げ出して戦わねばならないと主張した。そのため、兵士の手本となる軍人をまつる神社を起こしたのである。

軍神として多くの人に慕われた最初の人物が、広瀬《ひろせ》武夫《たけお》中佐であった。かれは日露戦争のときの旅順《りょじゅん》攻めの決死隊の指揮官をつとめ、敵弾に倒れた。

このことが新聞記事などで美化されて、やがて誰もが中佐を「軍神」と呼ぶようになった。政府はこの動きに目をつけ、かれの勇敢な死を国民教育の題材にした。この流れをうけて、昭和一〇年（一九三五）に広瀬中佐の故郷の大分県竹田市に広瀬神社が建てられた。

東郷神社の建設

日露戦争では、日本海海戦でロシア海軍を破った東郷平八郎《とうごうへいはちろう》と旅順要塞《ようさい》を落とした乃木希典《のぎまれすけ》の手柄が大いに宣伝された。軍部に近い立場のマスコミは、東郷も乃木も武人の手本となるすぐれた人物だと書き立てた。このような評価が一般化するなかで、明治天皇の逝去にあたって乃木夫婦が自邸で殉死《じゅんし》する事件が起きた。

これによって乃木を慕う声が高まり、大正一二年（一九二三）に東京に乃木夫婦をまつる乃木神社が建てられた。東郷元帥《げんすい》は長期にわたって海軍の長老として重んじられたのちに病没した（一九三四年）。

かれの死は自然死であったが、東郷の逝去の直後に各地で「軍神東郷をまつろう」という声が上がった。これを知った海軍は、会議をひらき、海軍の手で中央に一社だけ東郷元帥のための神社を建てる方針を発表した。

このあと、海軍主導でつくられた東郷元帥記念会によって資金集めが行なわれ、昭和一五年（一九四〇）に東京の原宿に広大な東郷神社が完成した。広瀬神社と乃木神社が民間の有志によって起こされたのであるのに対し、東郷神社は軍部がつくった神社であるといえる。そして、終戦による軍部の解体によって東郷神社を最後に軍神をまつる神社はみられなくなった。

8章

外国から来た神様

1　大黒天と七福神信仰

庶民に好まれた仏

神道では、人びとの生活を助ける霊力をもつ存在はすべて神とされた。この考えから、前章に記したように、幾人もの歴史上のすぐれた人間の霊魂が神とされた。

それゆえ、外国の神様であっても、日本人を助ければ神とされた。仏教の仏は、「蕃神《あだしくにのかみ》」などと呼ばれて神と同列に扱われた。また、大陸からの移住者や中国通の知識人が道教《どうきょう》の神をまつることもあった。

現在でも正月行事として七福神めぐりがさかんであるが（12章5項、201ページ）、七福神としてまつられる神の多くは日本人に迎えられた外国の神である。七福神は、大《だい》黒《こく》様、恵比寿《えびす》様、弁天《べんてん》様、毘沙門《びしゃもん》様、福禄寿《ふくろくじゅ》様、布袋《ほてい》様、寿老人《じゅろうじん》様からなる。この神々は金運向上の御利益があるとされる。

このなかの大黒様、弁天様、毘沙門様がインドの神で、福禄寿様、布袋様、寿老人様が中国の神である。日本の有力な福の神である恵比寿様（2章6項、47ページ）とならんで七福神の代表とされる大黒様は、もとはバラモン教（現在のヒンドゥー教につながる）の三大神の一つであった。

戦いの神から台所の神に

バラモン教の三大神のなかの破壊神シヴァの化身が大黒天である。その神はインドでマハーカーラーと呼ばれていた。「マハー」は大きいこと、「カーラー」は黒いことをあらわす言葉であるので、マハーカーラーの神名は中国で「大黒天」と訳された。仏教では、マハーカーラーは大日如来《だいにちにょらい》（天台宗、真言宗などでまつられた仏）の化身で、仏法の守護神だとされた。マハーカーラーが、悪鬼であった狐の姿をした陀枳尼《だきに》天《てん》（茶吉尼天、9章1項、147ページ）を従えたとする話もある。

中国の寺院は、大黒天を食物をつかさどる神として台所に安置した。そして天台宗をひらいた最澄《さいちょう》が、平安時代はじめに大黒天信仰を日本にとり入れ、その仏を延暦寺《えんりゃくじ》の守護としてまつった。

このような、大黒天を食物をつかさどる神とする信仰が、中世に天台寺院から京都の商工民のあいだに広がっていった。

大国主命信仰との融合

大黒天信仰は、室町時代から江戸時代はじめに全国に普及した。これは、縁起のよい大黒札を配って歩いたり、大黒天の姿で大黒舞いを舞って布教した芸人たちの力によるものである。これによって、福相で円満な表情をして、烏帽子《えぼし》と白い服を着けて袋をかつぎ、打手《うちで》の小槌《こづち》を持つ大黒様の姿が庶民になじみ深いものになった。

地方に大国主命《おおくにぬしのみこと》を信仰する人びとが多かったので、大黒信仰の布教者は「大黒天は大国主命である」と宣伝した。「大黒」と「大国《だいこく》」との音の一致から、神仏習合がなされたのである。

さらに大黒様と、「恵比寿様」の通称をもつ大国主命の子神である事代主命《ことしろぬしのみこと》とをならべてまつる習俗もつくられた。これによって、大黒様の姿になぞらえた、釣竿《つりざお》と鯛《たい》を持った陽気な老人の姿をした恵比寿像ができた。

この大黒・恵比寿信仰が発展して、室町時代末に七福神信仰になる。

2　弁財天と厳島信仰

インドの川の神

七福神のなかのただ一柱の女神である弁財天（弁天様）は、インドでまつられたガンジス川の神であった。川のせせらぎが心地よい音楽であることによって、弁財天は音楽の神ともされた。さらにそこから弁財天が芸術の神、美の神となった。

また川から引いた水が農作物を育てることによって、弁財天は農業の神、財産づくりの福の神ともされた。

このような多様な御利益のある弁財天信仰は、仏教とともに日本にもたらされた。そして、美貌《びぼう》の女神とされる市杵嶋姫命《いつきしまひめのみこと》と弁財天とが融合された。

厳島信仰の広まり

市杵嶋姫命は、北九州の宗像《むなかた》の航海民がまつった海神であった。かれらは、宗像三神と呼ばれる田心姫《たごりひめ》、湍津《たぎつ》姫《ひめ》、市杵嶋姫の三柱の女神を自家の守り神にしていた。日本神話では、彼女たちは素戔嗚尊《すさのおのみこと》の娘とされた。

宗像三神に対する信仰は、古代に宇佐《うさ》（24ページ）や瀬戸内海沿岸の航海民に広がっていった。そういったなかで広島湾を支配した航海民の手で厳島《いつくしま》神社がつくられた。

この神社名は、市杵嶋姫の神名によるものである。宗像三神のなかでもっとも人気

図8-1　宗像大社

が高かったのが市杵嶋姫であった。それが弁財天との融合につながった。

平氏が厳島神社を信仰したこともあって、厳島信仰は中世以降、各地に広がった。現在では全国に一〇〇社あまりの厳島神社がみられる。厳島神社には、航海安全、商売繁昌、家内安全などの御利益があるとされる。

弁財天信仰の広まりのなかで祭神を宗像三神から弁財天にかえた神社も少なくない。明治時代の神仏分離のときに、祭神を仏教系の弁財天から宗像三神に戻したところもある。

しかし、現在でも鎌倉の銭洗《ぜにあらい》弁天や藤沢市江の島の江島《えのしま》神社のような、弁財天を祭神とする神社がかなりある。弁財天信仰では、金運向上、商売繁昌、芸能上達などの御利益が強調される。

3　七福神の神々

毘沙門天と布袋

七福神のなかの日本古来の恵比寿様と、日本の神様と融合した大黒天、弁財天は国内でひろくまつられた。しかし、残りの四柱の福の神は影が薄い。

これは福の神として大黒・恵比寿をまつる習俗と、弁財天を福の神とする信仰とが結びついて七福神となったことを物語っている。「七」という縁起のよい数字を導き出すために、よく知られた三柱の神に大して有力でない四柱の神をあわせたのである。

その四柱のなかの毘沙門天と布袋は、仏教系の神様である。毘沙門天は、仏の周囲をまもる四天王のなかの一つで、本来は武神であった。しかし、北方の守護神である毘沙門天には人びとに福徳を与える力があるとされていた。布袋は、九世紀末から一〇世紀はじめ（後梁《こうりょう》代）に中国で活躍した禅僧である。かれは楽天的な性格でつねに微笑しており、周囲の人びとに親切であった。そのためかれの没後に、布袋和尚《おしょう》を弥《み》勒菩薩《ろくぼさつ》の化身とする考えが広がり、福徳円満の相をもつ和尚が福の神とされた。

福禄寿と寿老人

福禄寿と寿老人は、中国から伝わった道教の神である。福禄寿は南極星で、天の一方をつかさどる有力な神だとされる。一一世紀半ば（北宋《ほくそう》代）の中国に、長いひげをたくわえ「自分の年齢は数千歳で、南極星の化身である」と自称する道士があらわれたことをきっかけに、中国で長寿の神として福禄寿をまつる習俗が広がったという。

その道士の言葉は、信者を集めるためのつくり話であったと思われるが、当時の人びとはかれの言葉を信じた。そして、そのふくよかな顔をした老年の道士が、いずこかへ去っていったあとに福禄寿信仰が広まっていった。

寿老人は、道教をひらいた老子の化身で、延命の神だとされている。七福神信仰をみると、外国のさまざまな性格をもつ神が日本の八百万《やおよろず》の神の仲間に組み入れられていったありさまがわかる。

4　妙見社

北極星の神

妙見社《みょうけんしゃ》（妙見宮）は、北極星崇拝をもとにつくられた神社である。仏教では、北極星を北辰菩薩《ほくしん》や妙見菩薩と呼んでいる。

神仏習合がさかんであった中世に北辰菩薩をまつる神社がつくられた。これが、妙見社と呼ばれた。

北辰菩薩信仰は、四世紀（西晋代《せいしん》）の中国でつくられた。すぐれた力をもつ北極星の仏が、国土を安泰にする功徳をあらわすとするものである。この考えによって、今日でも妙見社は国家鎮護の御利益をもつ神社とされている。

このような妙見信仰が渡来系の豪族によって古代の日本にもち込まれて、平安時代に宮廷の陰陽師《おんようじ》の手で広められた。陰陽道では、妙見は人びとに長寿をもたらすとする。陰陽師たちはこの考えによって、北方の守り神である玄武《げんぶ》の上に乗った妙見菩薩や北斗七星を描いた護符《ごふ》を配った。

妙見信仰の分布

北極星をまつる妙見信仰は、七夕《たなばた》の習俗と同じく、中国の民間の星祭りをとり入れてつくられたものであるとされている。中国文化をうけ入れる前の日本に、星をまつる信仰はみられない。これは、五世紀までの日本人が星を観測して暦をつくる技術をもっていなかったこととかかわるものであろう。

七夕の習俗は全国に広まったが、中世に宮廷の陰陽道が衰えると、北極星信仰も下火になった。房総半島の千葉家、周防《すおう》の大内家、陸奥《むつ》の相馬《そうま》家といった特定の武家だけが妙見信仰を保護した。

そのため妙見社は、かれらの領地を中心に分布することになった。現在では秩父《ちちぶ》神社（埼玉県）など三〇数社の妙見社がみられる。妙見社には家内安全、災難よけなどの御利益があるとされる。

5 金毘羅神社

航海安全の神

江戸時代に航海安全の神としてひろくまつられた金毘羅《こんぴら》神社は、神仏習合によって生まれた神社である。金毘羅信仰の総本山が、香川県の金刀比羅宮《ことひらぐう》（琴平町）である。

この金刀比羅宮のある象頭山《ぞうずさん》（琴平山）は、古くから瀬戸内海航路の船の目印とさ

図8-2　金刀比羅宮

れてきた。そのため、古代の航海民が象頭山の神を航海安全の神としてまつるようになった。しかし、朝廷は象頭山の神を重んじず、阿曇《あずみ》氏の祖先神や宗像三神を海神としてまつっていた。

このようなありかたに対抗するために、琴平の人びとは象頭山の神は大神《おおみわ》神社の祭神である大物主《おおものぬし》神《のかみ》（2章3項、40ページ）と称するようになった。しかし、朝廷が大物主神信仰の拠点として琴平の地を重んじた様子はみられない。

インドの神と融合する

中世に神仏習合がさかんになる

と、琴平の神職は、象頭山の神はクンピーラ神だと主張するようになった。「金毘羅」と書かれるクンピーラ神は、ガンジス川に住むワニを神格化した神である。

インドで古くからまつられていたクンピーラ（金毘羅）神は、仏教では仏の守護神である十二神将の一人とされた。そして、日本ではワニの神が竜神だと考えられ、金毘羅神が雨乞《あまご》いの神、豊作をもたらす神と考えられた。

このため金毘羅信仰は、まず農民のあいだに広まったが、江戸時代に船を用いた流通がさかんになると金毘羅神が航海の神としてまつられるようになった。そして、各地の海運業者や商人が金刀比羅宮の分社を起こしたことによって、現在では全国に六〇〇社ほどの金毘羅神社がみられるようになっている。

金毘羅神社には、航海安全や豊漁のほかに諸願成就、商売繁昌の御利益があるといわれる。

このような金毘羅信仰は、神仏習合が地方神を全国的にまつられる有力な神に成長させた例であるといえる。

6 荒神社

台所の守り神

神道の家の多くで、荒神様《こうじん》がまつられている。台所の壁に荒神様のお札を貼って松を供え、それを火の神、火伏せの神として拝むのである。荒神様には家内安全や火災よけの御利益があるとされる。

この女神様の正式の名称は、「三宝荒神《さんぼう》」である。それは、如来荒神《にょらい》、鹿乱荒神《からん》(麁乱荒神、度乱荒神ともいう)、忿怒荒神《ふんぬ》の三身をさすとされる。神仏習合がとられた中世以降、三身の荒神様が力をあわせて火の災厄から家をまもる仏であり神であると説かれた。

しかし、インドでつくられた本来の仏典にはこの三宝荒神は出てこない。つまり、三宝荒神は日本の密教僧が新たにつくった日本の神に近い性格をもつ仏であるとみられる。そうであっても、荒神を「遠い国から来た強い神様」とすることが、荒神信仰の布教をおおいに助けたことは間違いない。

荒神信仰のさかんな西日本には、生まれてまもない子供の額に荒神墨を塗って荒神様にまもってもらう習俗がある。さらに、それに関連する、子供が荒神墨のおかげで河童《かっぱ》の難を逃れたという民話もあちこちにある。

古代の竈神

古代には、火をつかうかまどのそばで竈神《かまどがみ》をまつる習俗が広くみられた。縄文時代の竪穴《たてあな》住居を発掘すると、かまどのそばで祭りを行なった跡が多くみつかる。

かれらは火の力に感謝し、火災を恐れる気持ちから、火の神の祭りを行なったのであろう。このようなかまどの祭りは、長くうけつがれた。

そして、そのような習俗を知る密教僧が、布教にあたって「かまどの神は三宝荒神である」と説いてまわったのであろう。そのため、荒神信仰は急速に広まった。中世の人びとは、密教僧がまつる仏を古くから拝まれてきた土着の神より御利益のあるありがたいものとみたのであろう。

縄文時代以来の信仰が、仏教などの影響で多少姿をかえて今日までうけつがれてきたものが神道である。

9章

動物も自然も神様

I　狐の神様

稲荷神の使い

狐は、稲荷《いなり》神の使いもしくは稲荷神の化身ともされる。図9-1に示したように、狐のほかにも神様の使いや化身とされる動物は多いが、狐はとくに格の高い霊獣だとされている。

それは、あとで詳しく記すような神仏習合からくるものである。農耕神である宇迦《うか》之《の》御魂《みたま》神をまつる（1章4項、21ページ）稲荷神の使いである狐を怒らせると、人にとり憑《つ》くなどの祟《たた》りを起こすといわれた。

狐に対する恐れは、江戸時代はじめに、農村から江戸の町にもち込まれて急速に広まった。そのため、あちこちで「狐の祟り」と呼ばれる事件が起こり、その祟りをしずめるために高僧による祈禱《きとう》が行なわれ、稲荷社が建てられた。

そのために、江戸の町のいたるところで稲荷社の赤い鳥居が見かけられるようになったという。このような狐に対する恐れは、多様な人間が集まる都会生活の不安のなかから生まれたものであるらしい。

狐の姿をした陀枳尼天

狐は、もとは稲荷神の使いで、神より格下のものだとされていた。ところが、狐が陀枳尼天《だきにてん》の化身とされたことによって、狐が神と同格の仏だとされ、動物であるが稲荷神だと考えられるようにかわっていった。

陀枳尼天信仰を広めたのは、平氏である。平清盛《たいらのきよもり》が若いころ京都の北方の蓮台野《れんだいの》で狩りをしていたときに、一匹の狐を助けたという伝説が伝わっている。

神社名	神の使い
稲荷神社	狐
大神神社	蛇
熊野神社	烏
日吉神社	猿
八幡神社	鳩
春日神社	鹿
天神社	牛

図9-1　神の使いとされる動物

清盛が狐に矢を射かけようとしたところ、狐が美女に変わり、自分は陀枳尼天だと告げて、「わが命を助けるなら、望みのことをなんでもかなえよう」と言った。そのあと清盛は、熱心に陀枳尼天をまつる陀天《だてん》の法を行ない、そのおかげで源氏を倒して天下をとることができたという。

陀枳尼天信仰の広まり

陀枳尼天は、もとは狐の姿をしたインドの悪神であった。この神は、死者の心臓や肝を食う神として恐れられたが、仏教がつくられたのちに陀枳尼天も仏法をまもる仏の一つとされた。

農村では古くから、春になると山から農村に降りてきて穀物を食い荒らすネズミを食べてくれる狐を田の神とする習俗があった。そのような田の神は、豊作をもたらす穏やかな神であった。ところが、中世に平氏の影響で地方に陀枳尼天信仰が広まると、狐が陀枳尼天のような恐ろしい神だと考えられるようになった。

このような陀枳尼天への恐れから墓場にあらわれる狐火を、死者を喰う狐が焚《た》く火だとする俗信が生まれた。さらにそこから、狐が死体にとり憑いて死者を操った話や、狐自身が人間に化ける話がつくられた。

このようにして恐ろしい狐神ができたわけであるが、稲荷社をまつれば狐のわざわいを避けられ、さらに富を得られるともいわれた。こういった狐に対する恐れが稲荷信仰を広めた面も見落とせない。

2 蛇の神様

蛇の姿をした大神神社の神

大物主神《おおものぬしのかみ》をまつる大神神社《おおみわ》（2章3項、40ページ）では、蛇は神聖な生き物として敬われている。神社の境内には多くの蛇が住みついており、参詣者《さんけい》がその蛇に卵を供える姿もみられる。

『日本書紀』などは、大物主神が蛇の姿をしていたとするつぎの伝説を伝えている。王家の巫女《みこ》である倭迹々日百襲姫《やまとととひももそひめ》が、大物主神の妻になった。神は毎晩、姫のもとを訪れたが、明るくなる前に三輪山に帰っていった。

ある夜に、姫が神に「あなたの姿を見せて下さい」と頼んだところ、神は「それならば姫の持つ小箱の中にとどまっていよう」と答えた。夜が明けたので姫が小箱を開けると、そこに小さく美しい蛇がいたとある。

古代人は、水をつかさどる神は蛇の姿をしていると考えていた。これは、竜を水の神としてまつる中国南部の信仰からくるものであった。古代人にとって蛇は神聖な生き物であり、なにかの折に蛇が角を生やして竜に変わって天に昇り、雷を起こし、雨を降らせるとされた。

それゆえ、古代からまつられてきた蛇の姿をして水を操る土地の神の例は、日本の各地にかなりある。

弁財天と巳の日

インドの川の神である弁財天は、日本に弁財天信仰が入ったのちに、水の恵みをつかさどり、蛇の姿をしていると考えられた。

さらにそれが仏教の縁日と結びつき、蛇にちなむ十二支の巳《み》の日に弁財天に参ると幸運を授かるといわれるようになった。

農業が主要な産業であった江戸時代の人びとは、作物を育てる水に恵まれることが財産づくりにつながると考えていた。そのため水を支配する蛇神様が富をもたらすとされた。このような、蛇神様と金儲《かねもう》けとを結びつけた考えがひとり歩きしたことによって、鎌倉の銭洗《ぜにあらい》弁天などの弁財天が商売繁昌の神としてまつられることになったのである。

3　犬の神様

日本狼をまつる

日本狼《おおかみ》は、明治時代はじめに絶滅したといわれるが、江戸時代以前の山岳部の村落で生活する人びとはこの日本狼をおおいに恐れた。日本狼を怒らすと、確実に命を落としたからである。日本在来の猛獣は、この日本狼と熊だけである。日本狼のことを「山犬」と呼ぶこともある。

山地の村落で「山犬」を「犬神様」と呼んで山の神の使いとしてまつっているところもある。これは、犬神様をまつることによって山中を往来するときに日本狼の害にあわないように願うものであった。

また日本狼が、田畑を荒らす猪や鹿を追い払ってくれることから「犬神様」を農耕をまもる神としてまつるようになった地域もある。

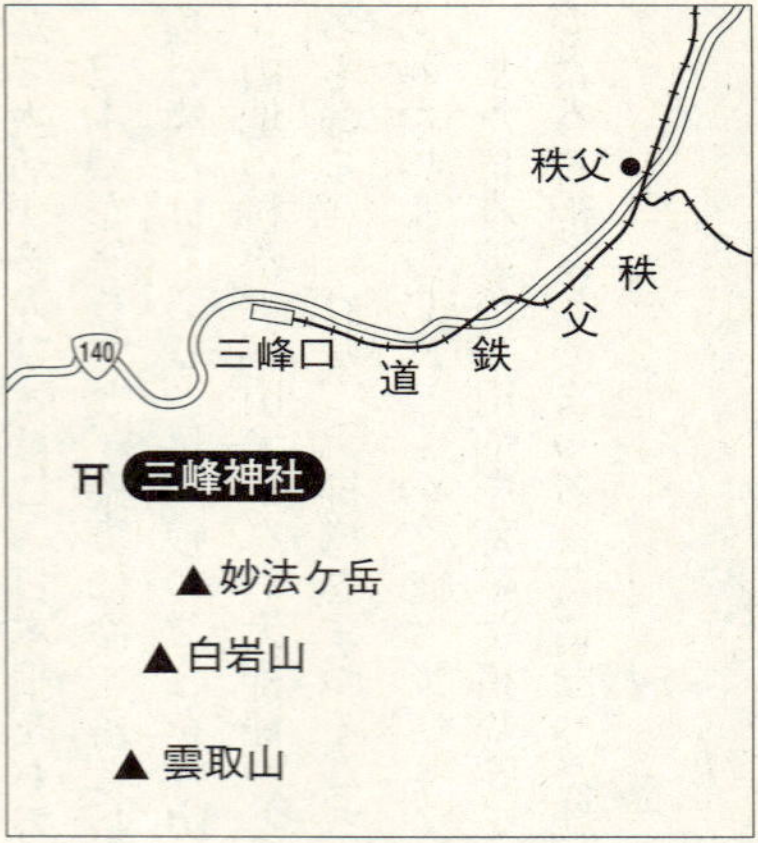

図9-2　三峰神社

三峰神社のお犬さま

埼玉県の三峰《みつみね》神社は、「お犬さま」と呼ばれる犬神をまつる神社として知られる。三峰神社の祭神は伊弉諾尊《いざなきのみこと》と伊弉冉《いざなみの》尊《みこと》（3章5項、62ページ）であるが、山深い地にある三峰神社では犬神を伊弉諾尊・伊弉冉尊の使いとしている。

神の使いであるお犬さまの護符には、防火や盗難よけの御利益があるとされる。中世以降、三峰神社は修験《しゅげん》道の道場になった。そのため修験者が関東地方の各地で犬神様の布教を行なった。

そのおかげで、現在でも多くの人が「お犬さま」の護符を求めて三峰神社を訪れる。関東地方では「お犬さま」の護符を軒先に貼った民家がしばしば見うけられる。

4　富士山信仰

天孫降臨と木花之開耶姫

日本人は、古くから山を神様のすみかと考えてきた。そしてとくに「霊峰」などと呼ばれる美しい姿をした山には、霊威をもつ神がいるとされた。

日本人に愛される国内最高峰の富士山の神は、木花之開耶姫《このはなのさくやひめ》だとされた。姫は、山の神である大山祇神《おおやまつみのかみ》（4章1項、70ページ）の娘とされる。

天照大神《あまてらすおおみかみ》の孫にあたる瓊々杵尊《ににぎのみこと》が、地上の支配者になるために高天原《たかまがはら》から日向《ひゅうが》に降ったときに、木花之開耶姫を見染めた。そのため、尊は姫を妻に迎えたが、妻は一夜で妊娠した。

そのとき、尊が「この子供は自分の子ではないだろう」と疑ったので、彼女は自分の潔白を証明するために産屋に火をつけた。「天孫の血をひく子供ならば、火の中でも無事に生まれてくる」というのである。

そして、彼女の言葉どおりに三人のすぐれた子供が火の中で生まれたとある。この話と、古くは火を噴きつづける火山であった富士山とが結びつけられて、木花之開耶姫が富士山の神とされた。

富士信仰の広まり

火中の出産の話から、木花之開耶姫は安産の神とされる。また、火中出産の話のあとに三人の子供が生まれたことを祝って酒づくりが行なわれたと記されることから、木花之開耶姫は酒造の神ともされる。

木花之開耶姫信仰の総本山が、駿河《するが》国一宮とされた富士山本宮の浅間《せんげん》神社（富士宮市）である。この神社の奥宮は富士山頂にある。富士山本宮を本社とする浅間神社は全国で一〇〇〇社近くある。箱根の箱根神社（箱根町）でも木花之開耶姫がまつられている。

江戸時代後半の江戸の町人のあいだで、富士山信仰がさかんになった。そして、江戸の町なかに「そこに登ると富士山に登ったと同じ御利益をもらえる」といわれた富士塚もつくられた。江戸の人びとは天気のよい日に眺められる、富士山の美しい姿を愛したのだ。

5　白山信仰

加賀の名山

全国に約二七〇〇社ある白山《はくさん》神社の総本山が、白山比咩《しらやまひめ》神社（鶴来町）である。そこは、加賀一宮であり、比叡山《ひえいざん》の支配下におかれた修験者の根拠地であった。白山の修験者によって、各地の白山神社がひらかれた。

白山は、富士山、立山《たてやま》とならぶ日本三山の一つで、年中白雪をいただく美しい姿をした山である。この山の神である菊理媛神《くくりひめのかみ》をまつるのが、白山比咩神社である。

菊理媛神は、『日本書紀』に記された神話の一場面だけに登場する。その場面は、伊奘諾尊の黄泉国《よみのくに》訪問の異伝の一つである。菊理媛神は、亡くなった妻を取り戻そうとして黄泉国に行った伊奘諾尊が、伊奘冉尊の怒りをかって菊女に追われて黄泉国から逃げ出すところに出てくる。

巫女の神

『古事記』や『日本書紀』の本文は、伊奘諾尊がそのとき黄泉国と地上とをつなぐ黄《よ》泉比良坂《もつひらさか》に巨石をおいて、妻に別れを申し渡したとする。しかし異伝では、黄泉比良坂で伊奘諾尊と伊奘冉尊とが言い争いをしていたとき、坂の番人の黄守道者《よもつもりびと》と菊理媛神があらわれたとする。

この二柱の神は両者の言い分を聞いて、うまくとりなして伊奘諾尊を無事に地上に帰らせたという。このことから、菊理媛神は、神意を問う巫女《みこ》の神だとされる。もとは白山を信仰する人びとが、山の神のお告げを聞く巫女の神である菊理媛神をまつっていた。そして、加賀と中央との往来がさかんになったのちに白山の神が黄泉国訪問の神話にとり入れられたのであろう。

現在、白山神社では菊理媛神のほかに彼女に言葉を下したとする伊奘諾尊、伊奘冉尊をまつっている。山の神は豊かな水をもたらし、人びとの生活を支えると考えられたことによって、白山神社には五穀豊穣《ごこくほうじょう》、生業繁栄、家内安全などの御利益があるとされる。

6　阿蘇山信仰

神武天皇の孫神

九州の有力な活火山である阿蘇《あそ》山の神は、農作物を育てる農耕神としてひろくまつられた。阿蘇山の神をまつるのが、肥後《ひご》国一宮であった阿蘇神社（熊本県一の宮町）である。

そこの祭神を、健磐竜神《たけいわたつのかみ》という。その神は、神武《じんむ》天皇の孫であるとされる。神武天皇の命令をうけた健磐竜神は、九州平定におもむいた。かれは、日向から五《ご》ケ瀬《かせ》川をさかのぼって阿蘇の外輪山に来た。そこの内がわは、大きな湖になっていた。健磐竜神は、この水を排水すれば豊かな水田がつくれると考えて、外輪山の南の外れの岩を蹴破《けやぶ》った。すると湖水が流れ出して川になり、阿蘇の外輪山の内がわに肥沃《ひよく》な農地があらわれたという。

阿蘇氏と朝廷

健磐竜神の阿蘇開拓の話は、『日本書紀』などには出てこない。その神は、本来は噴火の竜巻が岩を噴き上げるありさまをあらわす火山の神であったろう。古代豪族阿蘇氏が、その神をまつり、阿蘇地方を治めていた。

九州が大和《やまと》朝廷の領域に組み込まれ、阿蘇氏が国司をうけるようになったのちにも、阿蘇の地方神は日本神話の神々の系図のなかに入れてはもらえなかった。

しかし、平安時代はじめに朝廷が阿蘇神社に注目するようになった。九世紀はじめに皇室が阿蘇神社に日照りのときに雨乞《あまご》いをする神として、そこに領地を寄進したのである。このことをきっかけに、阿蘇神社が皇室の保護をうけるようになり、阿蘇の神を神武天皇の孫とする系譜がつくられたのである。

阿蘇氏の成長によって、九州各地に阿蘇神社がつくられていった。現在、約四〇〇社の阿蘇神社が九州にある。そこは農業の繁栄のほかに、縁結び、学業成就などの御利益があるとされている。

10章

神道とは何なのか

I　神道の起こり

縄文人と精霊崇拝

本章では、これまでの個々の神様の説明のなかで記しきれなかった、神道全体に関する重要な事項について説明しよう。

神道は、日本文化の発生とともにつくられた。はるか昔の日本人が肌で感じたままの自然のありかたが、神道の説く世界の構成になった。

かれらは、世の中に数知れない霊魂があると考えた。人間一人について一個の霊魂がある。動物や植物にも霊魂があり、道具にも霊魂が宿る。さらに、そのほかにも空気中に数えきれない霊魂がある。かれらのはたらきで雨が降ったり、風が吹いたりするというのである。

それゆえ、古代人はさまざまな霊魂の力で自分が生かされていると感じ、多くのものを神様としてまつった。文化人類学者などはこのような信仰を「精霊崇拝」と呼んでいる。

あらゆる民族が、かつて精霊崇拝をとっていたといわれる。縄文時代の遺跡から、土偶《どぐう》、玉類などの精霊崇拝にもとづく祭祀《さいし》に用いられた祭器が出土している。今日の神道は、縄文人の精霊崇拝から発達したもので、そのなかには縄文的要素を多くのこしている。

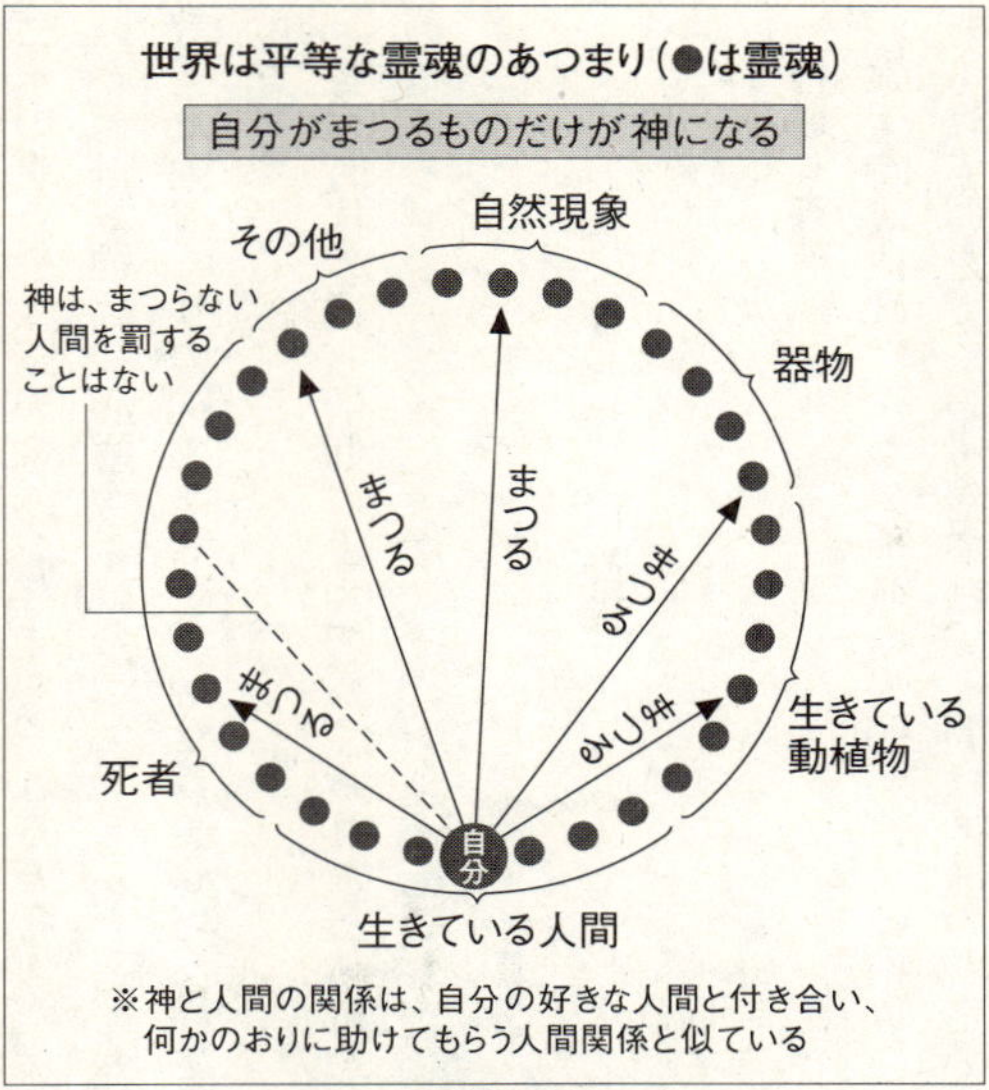
世界は平等な霊魂のあつまり（●は霊魂）
自分がまつるものだけが神になる
自然現象
その他
器物
神は、まつらない人間を罰することはない
まつる
まつる
まつる
まつる
まつる
生きている動植物
死者
自分
生きている人間
※神と人間の関係は、自分の好きな人間と付き合い、何かのおりに助けてもらう人間関係と似ている
図10-1　精霊崇拝の考え

弥生人と大国主命信仰

弥生《やよい》時代になると、日本人は水稲耕作によって安定した形で食糧を得られるようになった。この変化のなかで、弥生人は農耕神の祭りを重んじるようになった。かれらは、田畑を開拓した先祖を神としてまつった。

そして、先祖の霊魂が多くの霊魂と協力して、自分たちに水の恵みや太陽の恵みを与えてくれると考えた。このような信仰を「祖霊信仰」という。日本神話で活躍する大国主命《おおくにぬしのみこと》（2章2項、38ページ）は、人びとに農業技術を教えた国づくりの神であるが、かれは美しい女性に求婚し、動物たちと交流する人間的な神である。

弥生時代の祖霊信仰によってつくられた農耕神をもとに、大国主命像が形成されたのである。

2 天皇家と神道

神道と古墳

弥生時代には、一つの地域の人間が首長の指導のもとに地域の守り神をまつる形がとられていた。この段階では、人間は神様のもとでは平等であるとされた。

ところが、大和《やまと》朝廷の起こりとともに大王《おおきみ》の地位を神に近いものにしようとする動きが起こった。大王の祖先神が多くの精霊を指導する有力な神とされたのである。

そして大王が亡くなれば、その霊魂は霊魂の世界の指導者になると主張された。このような信仰を「首長霊信仰」という。この考えにもとづいて大王の霊を神としてまつるために巨大な前方後円墳が築かれた。

中央や地方の豪族の祖先たちも、大王の祖霊より格下ではあるが、霊の世界の指導者とされた。そのため大王の古墳より小型の、豪族たちを葬る古墳もつくられるようになった。

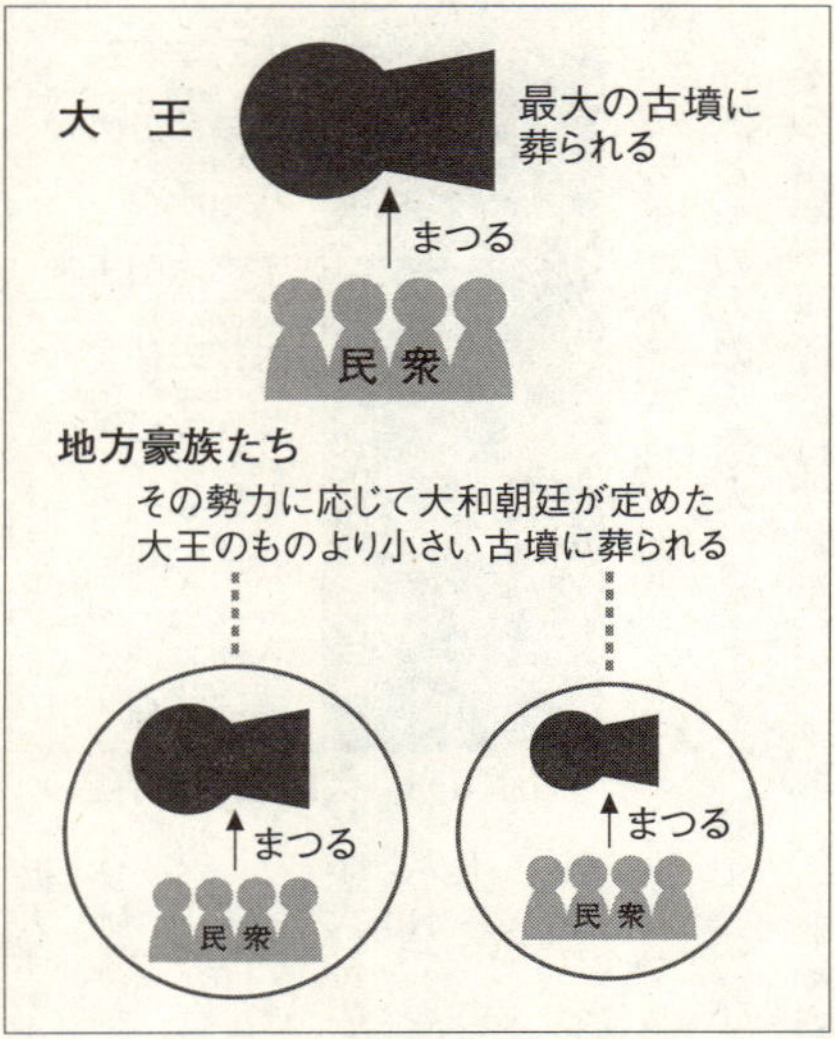

図10-2　大王の位置づけ

天照大神を中心とする神道

前（2章3項、40ページ）に述べたように、王家の祖神は大和朝廷の誕生の段階では、地方豪族がまつる大国主命と同格の大物主神《おおものぬしのかみ》であるとされた。地方豪族が思い思いの名前をつけて大国主命をまつったため、大国主命の多くの改名がみられる。

しかし、六世紀に王家の勢力が

『古事記』	大穴牟遅神《おおあなむぢのかみ》 葦原色許男神《あしはらしこおのかみ》 八千矛神《やちほこのかみ》 宇都志国玉神《うつしくにたまのかみ》
『日本書紀』	大物主神《おおものぬしのかみ》 国作大己貴命《くにつくりのおおあなむちのみこと》 葦原魂男《あしはらのしこお》 八千戈神《やちほこのかみ》 大国玉神《おおくにたまのかみ》 顕国玉神《うつしくにたまのかみ》

図10-3　大国主命の別名

拡大すると、大王は自家の祖神は大国主命よりはるかに格の高い天照大神《あまてらすおおみかみ》（3章2項、56ページ）であると唱えるようになった。

このあと、豪族たちの祖先神や地方神が天照大神の親戚《しんせき》や家来の神だとする神話が整えられていった。

こういったいきさつによって、今日の神道は皇室を中心におく形をとるのである。国内すべての神が天照大神に従うべきものであるから、すべての日本人は自分が信仰する氏神《うじがみ》様とその上の天照大神にまもられることになる。

そのため、神棚では伊勢神宮《いせじんぐう》の大麻《たいま》（「おおぬさ」とも読む）が氏神様のお札《ふだ》の上位におかれる（183ページ）。そして、天皇は伊勢神宮の天照大神の正統の子孫であり、天照大神の最高位の祭司である資格で、日本人の指導者とされる。

3　神道の教え

人間中心の宗教

神道には、難しい戒律はない。

「自分の良心で判断して正しいと思ったことを行なえ」と説くのが神道である。誰もが楽しく豊かに過ごすことを喜ぶ。それならば、みんなが幸福に生活できる世の中にするにはどうすればよいかを自分で考え、人びとのためになることを行なえと日本の神様は教える。

また、誰もが自然はかけがえのないものだと考える。それならば動植物をたいせつにして、あるがままの美しい日本の風景を保っていこう。このような自然保護の考えも、神道からくるものである。

神道では、人間は誰もが生まれながらに五つの良い心をもっていると説く。清い心、明るい心、正しい心、直《すなお》な心、赤き心である。これがある限り、誰もが神の心にかなった生き方ができるというのだ。

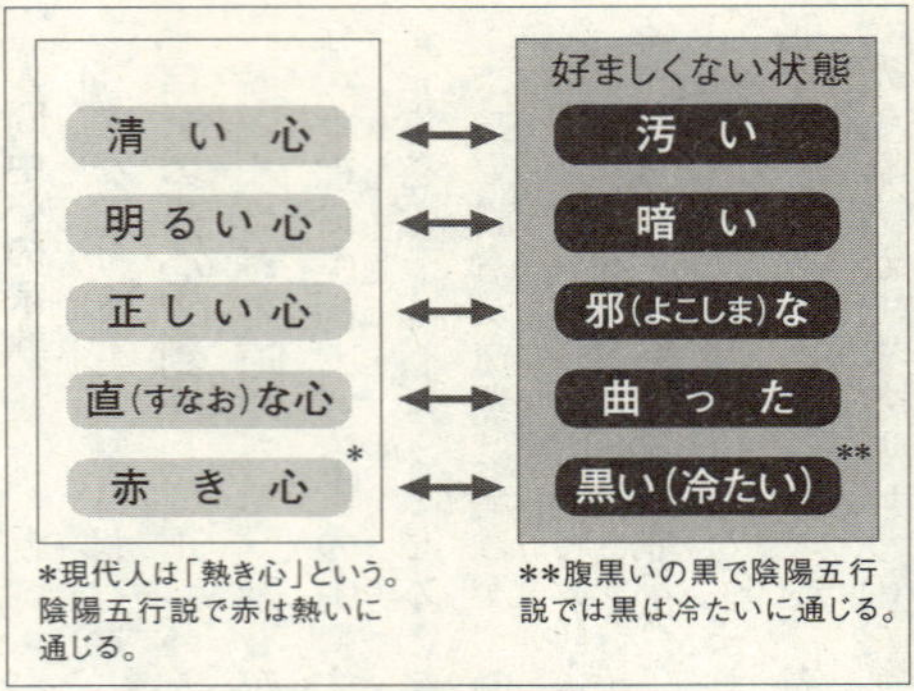

図10-4　神道の理想

エコロジー神道

現在のところ、霊魂の存在は科学的に証明されていない。また、近いうちに科学が人間の肉体と霊魂とのかかわりを解明するとも思えない。死ぬ瞬間に、人間の体重はわずかに減る。これは、ほぼ間違いない科学的事実であるが、それが死とともに肉体から魂が抜けることをあらわすわけでもない。

それゆえ古代の日本人が、私たちよりすすんだ科学をもっており、それによって「首長霊」の存在を証明したのではない。かれらは、人間の心のなかにある生き物や自然をたいせつにする気持ちを「神」と表現したのではあるまいか。このような良心に従って生きれば、人びとが支えあって生きる社会がつくれる。

次頁以下に記すように、人間の良心をたいせつにする日本人は、人びとに正しい生き方を教える神の祭祀を中心におく生活をつくってきた。

4　農村と神の祭り

農村の共同体と神

近代以前の日本の農村では、今日のような個人主義の発想はなかった。一つの村落の構成員すべてが、村の守り神のもとの共同体の一員とされた。そして、同じ村落の者が互いに助けあって生きるべきだとする道徳が重んじられた。

この発想がある場合には「よそ者」の排除につながることもあったが、村落の構成員とされることによって得られる安心感は大きな意味をもっていた。貧しい農民は、飢饉《ききん》のときには豪農から食物を与えられた。同じ村落の人間を見殺しにする者には神罰が下るとされたからである。

有能な者、富める者は指導者となって、弱い者のために働くべきだとする発想のうえに、村落が動いていた。このような人間関係は、弥生時代以来のものであった。

春祭りと秋祭り

かつては、祭りの日が農民の最大の楽しみであった。それは、神と人とがともに楽しむ場であった。村の人びとが、御馳走《ごちそう》を食べ、酒を飲んで歌い踊りつつさまざまな神事を行なう。

祭りのふるまいは、誰にも平等に与えられた。農村には、二つの重要な祭りがあった。耕作をはじめる前に神に豊作を祈る春祭りと、収穫を感謝する秋祭りである。

古代人はこの祭りを通して、自分たちが神のまもりによって食糧を得ていると感じた。そうであっても、人間が農作業を怠ると稲は稔《みの》らない。水田で働くのは自分たちであるが、人びとは雨を降らして植物を生長させる理解を超えた神の力にまもられて生きている。

このような感謝の心をもちつつ労働を重んじる古代人の生き方が、日本人に長くうけつがれたのである。

5 都市と神の祭り

都市民の祭り

明治維新までの日本は、農村に基礎をおく社会であった。庶民は農村の共同体のなかで生きることによって安心感を得た。

中世までの京都、鎌倉などの都市は、貴族や武士といった支配層と、かれらの保護下の商工民のための都市であった。行き場がなくて都市に流れ込んだ下層民もいたが、かれらは農村からの脱落者であった。

江戸時代になって、江戸や大坂、京都の三都や各地の城下町や港町が発展した。これによって町人という新たな集団が生まれたが、中下層の町人の生活は安定したものとはいえなかった。一部の成功者と、雑多な庶民が同居する町が江戸時代の都市であった。

そして、そのようなところで地域の住民の団結力を高めるための新たな祭りが生み出された。室町時代の祇園《ぎおん》祭は、京都の町衆がこぞってつどうものであった。その祭りは農耕行事から切り離されたものであった。ともに農業に従事する者たちの生活の一部としての農村の祭りと異なる、祭りをひらくことによって人を集める都市の祭りが生まれたのである。

こういった祭りが、戦国時代から江戸時代はじめにつぎつぎにつくられて都市の町

神の呼び名	本来の意味→現在一般的に理解される意味
氏　神	一門一族の守り神 ――→ 地域（村や町）の守り神
産土神	生まれた土地の神 ――→ 地域（村や町）の守り神
鎮守神	一定の土地を支配する神→地域（村や町）の守り神

図10-5　神の呼び名とその意味

内の祭りとしてひろくみられるようになった。

氏神の性格の変化

本来の「氏神」は自分たちの祖先神で、生まれた土地の神であるとともに、現在生活している土地の神であった。農村の共同体の人びとがまつった祖先神が氏神であった。ところが、農村から都市に移住した者が、祭りのたびに故郷に帰るわけにはいかない。

そこでかれらは、新たな生活の場である都市の地域の祭りに参加することになる。このばあい、都市の神社が氏神になる。このようにして、農村から都市への移動がさかんになる江戸時代に、氏神と生まれた土地にある産土神《うぶすながみ》とが別のものになっていった。江戸時代末から近代にかけて、人びとの移動がさかんになった。大都市である東京の住民の九割以上が、明治以降に引っ越してきた者である。それゆえ多くの人が、自家が起こった土地の神とのつながりを失った。そのため、現在ではふつうは居住する土地の神社（氏神）だけをまつる形がとられている。

6　分社の広まり

分社によって繁栄する神社

奈良時代のはじめごろまでは、地域ごとにその土地の守り神をまつる形がとられた。そのような土地の神は、そこを治める首長の祖先神であるとともに、かれの支配下にある民衆すべての祖先だとされた。

ところが、平安時代半ばに武士が起こり、弥生時代以来の首長の指導力が脅かされるようになった。古代豪族の系譜をひく首長から自立した武士は、中央の有力者の保護下に入り、地域の神社と異なる神を中央の貴族や大寺社の荘園とされた自領のまもりにした。

藤原氏の荘園には藤原氏の氏神である春日《かすが》神社（4章4項、76ページ）が、比叡山《ひえいざん》の荘園には比叡山ゆかりの日吉《ひえ》神社（5章1項、84ページ）がおかれた。このように、まず荘園の拡大にともなって特定の神社が末社をおいて発展していったのである。

さらに鎌倉時代になって地方の武士の勢力が拡大すると、武士が自領の核として自

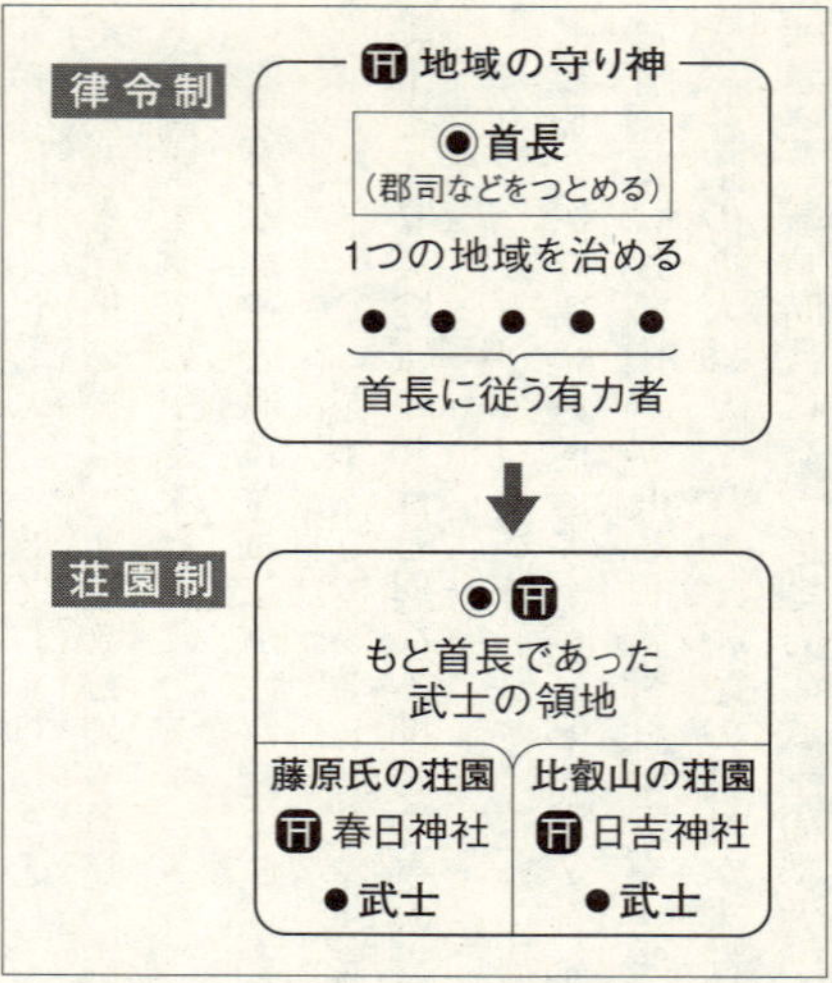

図10-6　地域の守り神から荘園の分社へ

分が信仰する神社を設けるようになった。中世前半には八幡《はちまん》神社と天満宮《てんまんぐう》の広がりが目立った。

布教による信仰の拡大

中世後半には、修験者《しゅげんじゃ》の活躍も目立った。熊野、白山《はくさん》などの山伏《やまぶし》が地方をめぐって布教を行ない、地方の有力者に熊野神社、白山神社をつくらせたのである。

さらに室町時代になると庶民を相手に布教する西宮《にしのみや》の恵比寿《えびす》神社の布教者や、伊勢神宮の御師《おし》があらわれた。全国的に布教を行なう神社もあったが、限られた地方だけに信仰を広めた神社もあった。

国内に雑多な神社がありながら、特定の神社が全国に数多く分布する今日のありかたは、いくつもの神社がところどころに独自の布教を行なったことによってもたらされた。

現在みられる神社は、ある時期に権力者が一律に設けたものではなく、長期間にわたる庶民の神信仰によってつくられたものなのである。

7　外国分社

日系人と神社

国外にも神社は存在する。カリフォルニアやハワイなどの日系の移民の多いところには、日本からの移住者が建てた日本の社寺の分社や末寺がある。

これはまつる人間がいれば、自由に空気中を往来できる霊魂である神はどこにでも行けるとする考えからつくられたものである。日系移民のなかでは早々とキリスト教に改宗する者もいるが、何代にもわたって神道の信仰をうけつぐ者もいる。

そして、アメリカ人と結婚してキリスト教徒になる者もいるが、外国人と一緒になっても夫婦が別々の信仰をもつ人もいる。この違いについては折を見て丁寧に考えてみたい。

旧日本領の神社

戦前に日本が植民地支配を行なったところに、神社が建てられた例もある。そのなかのパラオの南洋神社を紹介しよう。パラオは第一次世界大戦後にドイツ領から日本の委任統治領になって南洋群島と呼ばれたものの一つである。昭和一五年（一九四〇）に、日本政府によってそのパラオのコロール島に南洋神社が建てられた。そこの祭神は、天照大神であった。つまり、南洋神社は伊勢神宮の分社としてつくられたのである。当時の事情を知る人の話では、入植した日本人だけでなく現地の人びとも、そこを信仰したという。

終戦のあと、パラオを統治したアメリカ軍が南洋神社を破壊した。しかし昭和六一年（一九八六）になって、パラオの人びとの手で南洋神社が再建された。パラオ生まれで政府特別顧問をつとめるイナボ・イナボ氏や日系人のオキヤマ・トヨミ氏らが日本から資材を取り寄せて社殿を再建した。この事業に日本の若手神職の団体、清流社が協力した。

このような形で、外国人に神道が広まったことは興味深い。神道の教義は、日本だけで通用するものではなかったのである。

8　寺と神社の関係

神仏習合による神道の発展

六世紀半ばにあたる飛鳥《あすか》時代に、朝鮮半島経由で日本に仏教が伝わった。インドや中国の知識人によって深められた仏教には、有益な科学知識や先進技術が多く含まれていた。

そのため飛鳥時代以降、国内に仏教が広まり多くの寺院がつくられた。平安時代はじめになると、神社のがわで「このままでは自分たちは時代後れになるぞ」という声が広まった。

そのため、神社を支配する豪族や武士が僧侶《そうりょ》を雇って神前で仏事を行なわせ、かれらに民衆に対する布教を担当させるようになった。「神宮寺」などと呼ばれる、神事と仏事を行なう、神社と寺院の機能をかね備えた神社もあらわれた。このようにして神仏習合がはじまったが、仏教の有益な知識が神道を深味のあるものにしたことは間違いない。

神仏分離のときに神社となった寺院の例

寺院		神社
妙楽寺（奈良県）	→	談山神社
大山寺（鳥取県）	→	大神山神社
金亀山与願寺《きんきざんよがんじ》（神奈川県）	→	江島神社
象頭山松尾寺《ぞうずさんまつおじ》（香川県）	→	金刀比羅宮

図10-7　神仏分離

また、仏教勢力のがわも庶民に慕われている神道と結びつくことによって布教を有利にすすめた。修験道のような、仏教のようであり神道のようでもある独自の信仰をとる神社もあった。

神仏分離の意味

江戸時代末までの国内の神社の多くは、寺院の機能もかね備える形をとっていた。中世以降、本《ほん》地垂迹《じすいじゃく》説によって日本の主だった神は仏が仮りにあらわれたものだとされた。天神《てんじん》信仰と観音《かんのん》信仰とのかかわりは次項に記すが、かつて天満宮では菅原道真《すがわらのみちざね》とともに観音がまつられていた。

明治初年に神仏分離がなされ、寺院とまぎらわしい形をとっていた神社から仏教色が排された。これによって、神道と仏教とは別のものとされた。現在では、神社と寺院とは明らかに区別されており、神社のなかで仏像がまつられることはない。

しかし、日本で長期にわたって神道と協調してきた仏教は、神道と対立するものではない。それゆえ、氏神様をまつるとともに特定の寺院を信仰してもさしつかえないのである。

9　天神様と観音様の関係

北野天満宮の創建

日本国内の有力な神社のなかのかなりの部分は、弥生時代以来まつりつづけられたものである。そこは、一つの地域を治める首長によって起こされたものであるが、平安時代半ばに武士が起こったために、古くからの伝統をひく首長の祭祀《さいし》の権威が低下した。

これによって新興の武士が思い思いの神社を起こしたわけであるが、武士に神社の建設をすすめたのが、さまざまの宗派の僧侶であった。このことが神仏習合の動きを急速にすすめた。

北野天満宮建設の中心となったのも、僧侶である。北野天満宮の社伝は、菅原道真の怨霊《おんりよう》の祟《たた》りが人びとを脅えさせていたときに、多治比文子《たじひのあやこ》という貧しい女性と、神

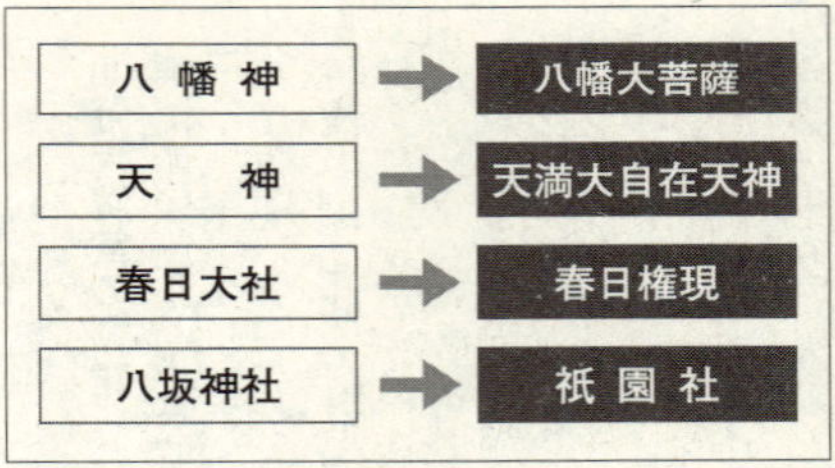

図10-8　神仏習合によってつくられた仏教風の神号、神社名

職の息子の太郎丸に神託が下ったという。
「われを、現在の北野天満宮がある右近の馬場の地にまつれ」というものである。このお告げのことを二人から聞いた朝日寺の僧最珍《さいちん》が二人を助けて神社をつくったという。

この伝えから、朝日寺の主導で北野天満宮が起こされたありさまがわかる。朝日寺はのちに北野天満宮に付属する神宮寺となった。そして、観音菩薩《ぼさつ》をまつるその寺は「西脇観音堂」とも呼ばれた。

法親王が北野天満宮を支配する

平安時代半ばから江戸時代末まで、神社で神事と仏事も行なわれた。朝日寺の立場からみれば、観音菩薩と一心同体の北野の天神様に対して読経などを行なうことは日常の朝日寺の行事の延長にすぎなかった。

平安時代末（一一〇八年ごろ）に、皇族である法親王《ほうしんのう》などが任命される曼殊院《まんしゅいん》（左京区にある寺領）の門跡《もんぜき》が、北野天満宮の別当《べっとう》を兼務するようになった。別当は、天満宮の万事をとりしきる地位であるから、北野天満宮は仏教勢力を介して皇室の支配をうけるようになったことになる。

この例からわかるように、神仏習合は皇室の神社支配と深いかかわりをもっていた。大和朝廷が全国を統一し、『古事記』などの神話がまとめられた段階で、地方の首長がまつる神は皇室（王家）の祖先神（大物主神、天照大神）の下位に位置づけられた。この時点で国内の神々がすべて朝廷の統制をうけるようになったのである。

ところが、平安時代半ばに武士が自立して地方の首長の権威が低下すると、皇室は地方の首長を介する形で全国の神々を支配できなくなった。そのため、天皇が皇族を法親王として有力寺院におくりこみ、各地の神社を有力寺院に従わせる新たな支配がつくられたのである。

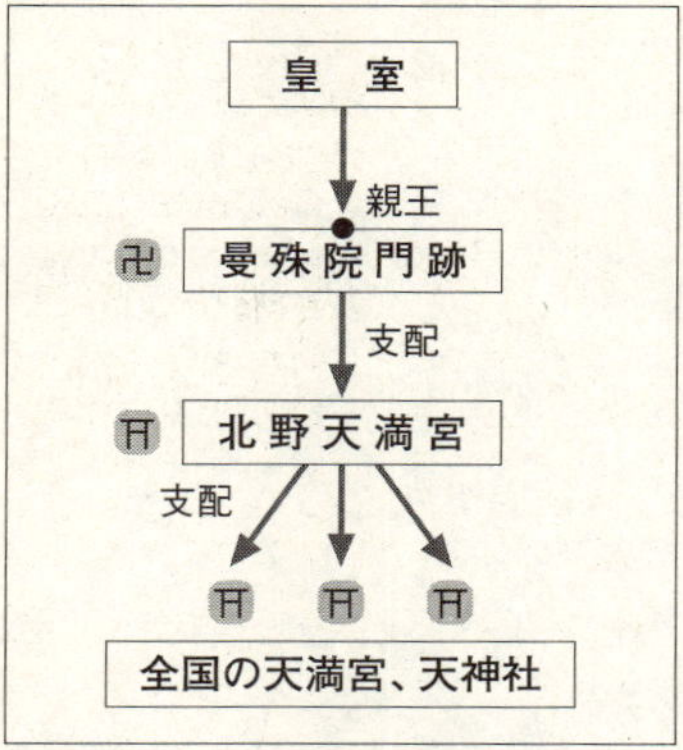

図10-9　皇室と北野天満宮

11章

生活のなかの神道

I　神棚をまつること

家族の中心が神棚

本章では日常行なわれる神事についてかんたんに説明しておこう。

古代人は、神社で行なう村落の祭りより、家で行なう祭りを重んじていた。縄文時代の住居を発掘すると、必ず祭器がおかれた祭りの空間がみつかる。

このような祭りの場は、弥生《やよい》時代以後の住居にもうけつがれた。そして、のちにそれは「屋敷神」「産土神《うぶすながみ》」などと呼ばれる家をまもる神の祭りになっていった。

日本人は古代から、家族とは人間と神々で構成されるものだと考えていた。そして、家をまもる神様と語り合う場を、家のなかでもっとも重んじたのである。

神社の分霊を神棚に迎える

平安時代まで、仏教の知識は貴族層の独占物であった。そして、鎌倉時代になってから庶民相手に布教する宗派（浄土《じょうど》宗、浄土真宗、時《じ》宗、臨済《りんざい》宗、曹洞《そうとう》宗）があらわれ、農民や商工民に仏教が広まっていった。

　しかし、家庭で仏が拝まれるようになってからも、屋敷神などの祭りは続けられた。日本人は、家のなかで伝統的な神信仰をうけついできた。

　現在のような形の神棚の祭りが普及するのは、江戸時代以後のことである。国学の広がりなどによって、神道の家が自分たちと仏教の家との区別を強く意識するようになった。

　そのため、神道の家は仏壇の代わりに氏《うじ》神《がみ》様の分霊のための神棚と、祖先の位牌《いはい》をまつる御霊舎《みたまや》とを設けるべきだとする考えが広まった。

　正式のやり方では、神棚で伊勢神宮《いせじんぐう》の大《たい》麻《ま》と氏神様のお札《ふだ》、さらにとくに崇敬する神社の三社をまつることになっている。商売繁昌を願うならお稲荷《いなり》様や恵比寿《えびす》様のお札を、出世を願うなら八幡《はちまん》様のお札を崇敬神社としてまつるのがよい。

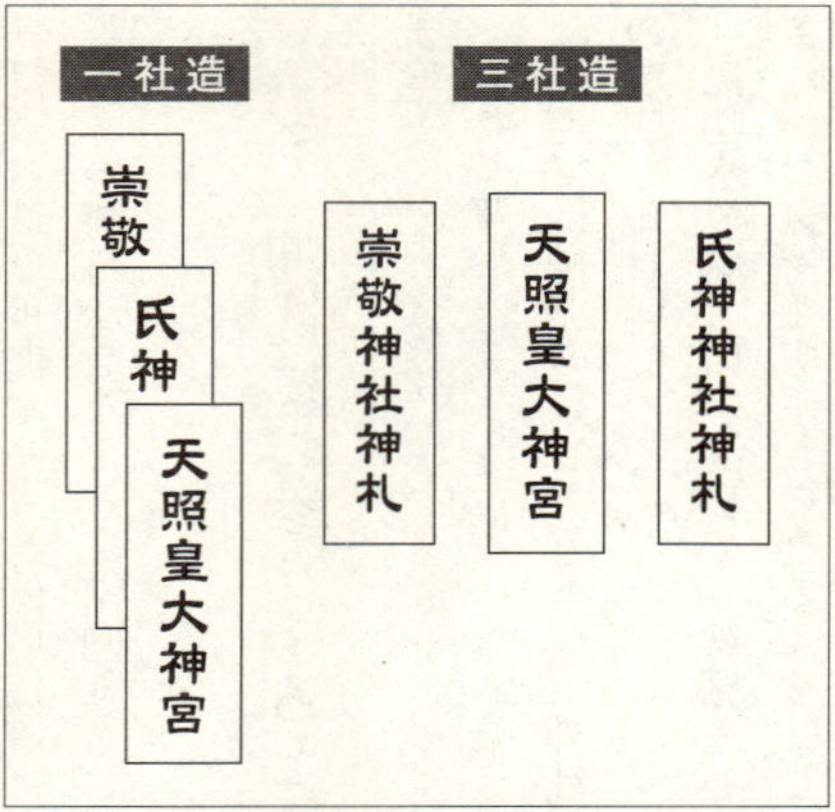

図11-1　お札のまつり方

御霊舎は、神棚より少し低い位置におく。そして、神棚も御霊舎も家のなかの見通しのよい清らかなところに南向きもしくは東向きに設けるのがよいとされる。

2　神社にお参りするということ

穢れと祓い

神道では神棚の祭りとともに、神社への参拝を重んじている。神棚の祭りも、神社の参拝も難しいものではない。

毎朝水で手と口を清めて、神棚を拝んで「私が知らずに犯した罪や穢《けが》れを清めて、きれいな気持ちで生きられるようにしてください」と願うのである。このとき、二礼二拍手一拝といって、二回軽く頭を下げたあとに手を二回打って頭を深々と下げる。神社に参拝するときも、手と口を水で清め、神前でお賽銭《さいせん》を上げて二礼二拍手一拝を行なう。

このような参拝は、心のなかの穢れを落とすためのものである。穢れは、自分の気持ちのなかに生じた暗い観念や悪意によってつくられる。そして、その穢れがもとになって他人に迷惑をおよぼす行為が罪となる。

神道では、あらゆる罪、穢れは祓《はら》いによって清められるとされる。体を水で清めたり、塩をまいたりするのが祓いである。日本の神様は、このような祓いを行なって「これからは清らかな気持ちで人びとのためになる生き方をします」と誓う者の罪を快く許し、あれこれ助けてくれる広い心をもっているとされる。

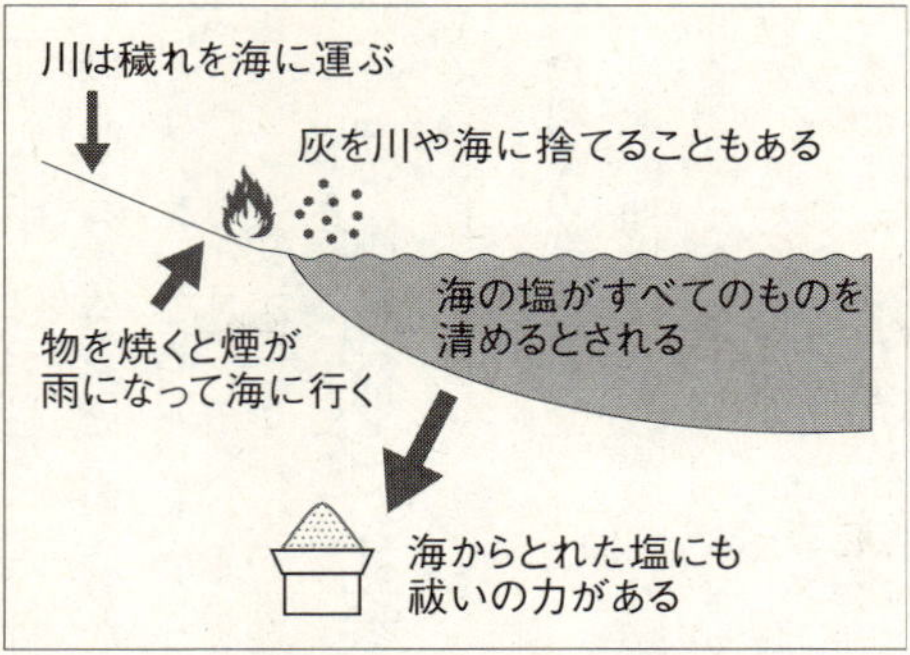
川は穢れを海に運ぶ
灰を川や海に捨てることもある
海の塩がすべてのものを
清めるとされる
物を焼くと煙が
雨になって海に行く
海からとれた塩にも
祓いの力がある

図11-2　祓いあれこれ

参拝は祓い

神道の家の人間は、毎月一日に氏神様に参拝して穢れを落とすことになっている。参拝のときには、何度も祓いを行なう。

鳥居をくぐって神域に入るときに、神聖な形をした鳥居が穢れを清めてくれる。ついで、参道の脇の手水舎《てみずや》で、手と口をすすいでお清めをする。

ついで、神前でお賽銭を投げることによって、体にたまった穢れをお金につけて捨てる。そして、二礼二拍手一拝を行なって、神様に穢れ落としをお願いするのである。

神詣《もう》でをする者はこのような月参りによって、気持ちを新たにして日常のあれこれにきれいな心であたっていこうとするのである。

3　御利益とお礼参り

御利益の考え方

日本の神様は、人間の自分勝手な願いをかなえてくれる都合のよいものではない。神道では、人びとのためになることをすれば、その結果として自分のところにも福が授かるという考えがとられる。

それゆえ、消費者の役にたつよい品物を売る商人や、弱者を守ろうとする武人、真理を求める学者などが、その働きにあった地位や財産を得る社会が、理想的な世界とされた。

『日本書紀』に、つぎの話がある。

「橘《たちばな》の木につく虫を『常世神《とこよのかみ》』だといって、その虫をまつることをすすめて歩く大生《おおふ》部多《べのおお》という者がいた。庶民たちは、この多の巧みな言葉にだまされて、仕事をせずに虫をまつって富貴を願った。そのため、常世神の信者はたちまち貧乏になった。このありさまをみて、秦河勝《はたのかわかつ》という賢い老人が大生部多を杖《つえ》で打ってこらしめた。そのとき、常世神は秦河勝に神罰を下すことができなかった。そのため、人びとは虫をまつらなくなった」

神に感謝して生きる

秦河勝は前（1章4項、5章2項）にあげた伏見《ふしみ》稲荷大社と松尾大社をまつった豪族の首長である。神様との正しいかかわり方を知るかれは、努力をせずに神頼みだけをする生き方を認めなかった。

成功は、自分の努力によってかちとらねばならない。しかし、つねに神を崇め正しい気持ちをもちつづけることによって、心のなかによい知恵が浮かぶこともある。

それゆえ、成功者は「自分の才能で運をつかんだ」と思い上がるべきではない。神様への願いごとがかなったときのお礼参りは、

「正しい気持ちで成功をつかみました。これからも清らかな心で生きていきます」

と神様に報告するものである。

4　日本の年中行事と神道

祖先の神々とすごす特別の日

日本には、四季折々の年中行事が多くみられるが、その多くは家を単位とした神道の祭りをもとにつくられた。それらは、家族が祖先の霊魂を迎えて神々とともにすごす特別の日であった。

近代以前の人びとにとっては、仕事を休んで御馳走《ごちそう》を食べる年中行事が大きな楽しみであった。

民間では、家をまもる祖先の霊魂は「年神様《としがみ》」とか「田《た》の神様」とか呼ばれた。家を起こした遠い祖先の霊が、多くの祖霊や水の神、風の神などをつれて家にやってくるのである。

自然をつかさどる水の神などは、祭りの日にどこかの家の祖霊に誘われて人間のもてなしをうけることによって、「人びとの暮らしがよくなるようにつとめてやろう」と考えるようになるとされる。

正月行事から大晦日まで

日本人は、四季の移り変わりの節目ごとに年中行事をひらいた。正月は、農耕のはじまりとされる春がはじまるもっともたいせつな日であった。

旧暦の正月は二月はじめごろにくるが、古代の農民はそのころから田畑の整備などの稲作の準備をはじめた。それゆえ春のはじめには、田畑をまもってくれる年神様をおおいにもてなした。

これが正月行事の起こりである。門松は年神様のための家の飾りであり、鏡餅《かがみもち》やお節料理は、年神様に供える御馳走であった。桃の節句、端午《たんご》の節句、七夕《たなばた》なども、稲作の節目にひらかれた祭りをもとに整えられたものである。

そして、年末には一年無事にすごせたことを年神様に感謝して正月を迎える行事が行なわれる。

5 人生の節目と神道

子供の成長を感謝する

日本人は、人生の節目ごとに神道にもとづくさまざまな行事を行なってきた。現在も行なわれているお宮参りと七五三は、子供の成長を神様に感謝するものである。

近代以前には、さまざまな病気で死亡する乳児が多かった。そのため、生後三〇日目前後に、子供が無事に育ったことを感謝して親子で氏神様に参拝するお宮参りの行事がつくられた。

このお宮参りのときから、子供は氏神様の氏子の一人に加えられる。

このあと、男児の三歳、五歳、女児の三歳、七歳のときに行なわれる七五三がある。七五三にあたる子供は、一一月一五日に着飾って氏神様に参拝する。この行事は、病気になりやすい年齢の子供を神様にまもってもらうためのものであった。

数え年七歳の女児は、小学校に入学するころの子供である。現在でも親たちは子供が学校に行くと、あるていど成長したと一安心する。これと同じように近代以前の人びとも子供が七五三を終えたところで、親の責任のある部分は済んだと感じていた。

神前結婚式と神葬祭

近代以前の神道の家の多くは、結婚式も葬礼も家の私的な行事だと考えていた。そのため、親戚《しんせき》や知人を呼んで御馳走するだけの行事が行なわれていたが、江戸時代末ごろから神職を招く形の神前結婚式や神葬祭がさかんになった。祖先供養も本来は家の行事であったが、今日では日を決めて神職を家に招き御霊舎のお祭りをしてもらう形が一般化した。

これは、神職が近代になって本来は僧侶《そうりょ》の仕事であった葬礼や、キリスト教徒の結婚式をまねて華やかなものになった婚礼の分野に進出したことを物語る。

12章

お参りの旅

I　社寺詣での盛行

貴族の旅と庶民の旅

日本人は、古くから社寺詣《もう》での旅を行なってきた。交通路の整備が不十分であった時代に、信仰にもとづく旅行が行なわれた意味は大きい。

中世以前にあっては、社寺詣でが道路や旅宿の整備をすすめた。そして、幕府によって街道が整備された江戸時代に、庶民の参拝の旅がさかんになった。

このことが、地方の民衆の見聞を広めた。そして、民衆の知識の拡大が、各地の特産品の全国的流通につながり、商工業の急速な発達をもたらした。

社寺詣では、平安貴族による奈良の南都七大寺詣でにはじまった。ついで、平安時代末に上皇や法皇の熊野詣で（33ページ）がさかんになった。熊野詣でをすすめたのが三井寺《みいでら》の僧侶《そうりょ》であるが、比叡山《ひえいざん》はこれに対抗して貴族たちに比叡山の三塔（東塔、西塔、横川《よかわ》）巡礼を広めた。

さらに、中世には武士や上層の商工民の霊場詣でもみられたが、社寺詣でが本格化するのは庶民の加わる江戸時代である。

現代人と社寺詣で

江戸時代に入ると、伊勢神宮《いせじんぐう》、出雲大社《いずもたいしゃ》や、金刀比羅宮《ことひらぐう》、善光寺が全国から参拝者を集める霊場として栄えた。また、出羽《でわ》三山、熊野三山、長谷《はせ》観音、石山寺、成田不動尊は特定の熱心な信者がつどう地であった。

江戸時代の庶民の社寺詣での旅は、一生に数度の楽しみとしての観光旅行でもあった。かれらは道すがら名所を見物し、各地のうまい物を楽しんだ。次項でとり上げるお伊勢参りなどは、江戸時代の庶民の生活と切り離せないものになっていた。

飛行機や鉄道、自動車のおかげで旅行が容易になった現代にあっても、社寺詣での旅はすたれない。単なる観光地めぐりのなかで神社や寺院を詣でるばあいもあるが、人生の節目でなんらかの決断を迫られたときに、信仰する遠方の社寺への旅行を行ない、旅のあいだにあれこれ自分を見つめなおす者も多い。

江戸	浅草寺、成田不動尊、江ノ島弁財天
京都	清水寺、伏見稲荷
大坂	四天王寺、野崎観音

図12-1　三都の人が行なった近距離の参拝

2 お伊勢参り

伊勢参りの解禁

伊勢神宮は、本来は皇室の祖先神をまつるものとされており、庶民がそこに参詣《さんけい》することは禁止されていた。しかし平安時代末に朝廷の財政が悪化し、皇室が伊勢の広大な神域を維持し、多くの神職を雇うのに十分な費用を出せなくなった。

そのために、伊勢神宮は御師《おし》を各地に送って布教し、金集めをするようになった。当初は御師は貴族のあいだをまわったが、鎌倉時代には庶民も布教の対象にした。

そのため、鎌倉時代後半には尾張《おわり》、美濃《みの》二国の多くの人が伊勢信仰をもつにいたった。御師たちは、伊勢神宮はすべての日本人の守り神で、家内安全、農耕の繁栄などのあらゆる面の御利益があると説いてまわった。

伊勢講の発展

室町時代には、参詣者集団のあいだで伊勢講が結成されるようになった。農民たちが村落を単位に講をつくり、旅費を積み立てて、十分な金額が集まった時点で御師を案内人にして連れ立って伊勢に出かけたのである。

御師は、旅行業者のはしりと呼ぶべきものであった。かれらは、客を楽しませるために居心地のよい宿や贅沢《ぜいたく》な食事を手配した。そうすると伊勢から帰った人びとが、お伊勢詣での楽しさを宣伝し、伊勢に行けなかった者は、なんとかして次回の参詣に加わろうと金を貯める。こうして、伊勢詣でが庶民の生活の一部になっていった。

戦国時代には、全国から伊勢に参詣者が集まるようになったが、下層の農民まで伊勢詣でをするようになったのは江戸時代になってからである。とくに東日本の民衆のあいだには、「一生に一度は、仲間と連れ立って伊勢参りと上方めぐりに出るべきだ」とする考えが一般化した。こういった伊勢信仰は現代にもうけつがれている。

3　金毘羅詣で

海運が支える大坂

江戸時代に航海安全の神である金刀比羅宮《ことひらぐう》（8章5項、140ページ）に対する商人の信仰が高まり、さかんに金毘羅《こんぴら》詣でがなされた。これは、江戸時代はじめの東廻《まわ》り、西廻り航路の開発によって大坂の町が急速に発展したことと深くかかわるものである。

東廻りと西廻りの航路によって、多くの物資が大坂に集まった。そして、それが大坂の問屋の手で全国の消費者に送られていった。このような形の流通の核になったために、大坂に多くの豪商が出た。

かれらは、海運によって得た品物を売って富を築いたわけである。そこで、大坂の有力者は航海安全をもたらす金刀比羅宮に感謝し、多くの寄進を行なってそこに商売繁昌を祈った。そのため大坂とその周辺の庶民もこのような豪商にならって、金毘羅詣でを行なって金運や商売運の向上を求めた。

金毘羅参詣船が経済を活性化した

金毘羅詣での盛行により、参詣者を運ぶための「金毘羅船」の俗称をもつ、金毘羅参詣船の就航がはじまった。「こんぴらふねふね……」と歌われた船である。

これは、道頓堀《どうとんぼり》などのいくつかの大坂の乗船場をまわって客を集めたのちに、安治《あじ》川《がわ》河口を出帆し、室の津、牛窓《うしまど》などを経由して丸亀《まるがめ》にいたる定期船であった。参拝客は、丸亀に上陸して金刀比羅宮にむかうのであるが、大坂―丸亀間の船路はふつうは三日三晩を要した。

金毘羅参詣船によって、大坂と瀬戸内海沿岸東部との交流が活発化し、播磨《はりま》、備前、讃岐《さぬき》の三国の商工業を発展させた。社寺詣での盛行が一つの地域の経済発展をもたらしたのである。

4　富士登拝

富士信仰と神仏習合

古代人は富士山の美しい霊妙な姿を神と感じた。そのため、富士山をあおぎ見る地に富士信仰の中心となった富士山本宮浅間《せんげん》神社（9章4項、153ページ）がつくられた。

そして中世には、富士山の神が密教がもっとも権威のある仏とする大日如来《だいにちにょらい》とされた。これによって、富士山の神は「浅間大菩薩《だいぼさつ》」とも呼ばれるようになった。この神仏習合は、日本一の山である富士山は最高位の仏になぞらえるべきものだとする発想からなされた。

そして、大日如来という有力な仏と習合したことによって、庶民のあいだに富士山を権威ある神とする考えが広まった。これが、富士登拝の盛行につながった。

富士講の広まり

奈良時代に、役行者《えんのぎょうじゃ》という有力な修験者《しゅげんじゃ》が富士登山を行なったとする伝説があった。この伝説をふまえる形で、修験者の富士登山が行なわれるようになり、さらに室町時代に庶民の富士登山もはじめられた。

このころから、富士登山を行なうとあらゆる災難から逃れられるとする信仰が広まった。そのため、江戸時代の江戸の町で富士詣《もう》でが盛行した。

江戸の庶民は、町内などを単位に富士講をつくり、金を貯めて連れ立って富士山に登った。かれらは、そろいの白装束を着て、菅笠《すげがさ》をかぶり、金剛杖《こんごうづえ》をついて鈴を鳴らして登山した。先達《せんだつ》と呼ばれる案内人が、講の人びとを導いた。

干支《えと》が庚申《こうしん》になる年が富士の御縁年とされたので、六〇年に一度めぐってくる庚申にあたる年に登拝がとくに盛行した。

このような富士登拝が、江戸の町内の人びとの結びつきを強めるのに重要な役割をはたしたことは間違いない。

5　七福神めぐり

七福神信仰の発展

日帰りの気楽な巡拝の旅として、現在、七福神めぐりがさかんに行なわれている。正月の一日から七日までのうちの都合のよい日に、七福神を一つ一つ順番に参拝して朱印を集めるのである。これによって、寺社を七か所まわることになる。

前（134ページ）に述べたように、七福神信仰は室町時代に起こった。そして、江戸時代はじめに江戸の庶民のあいだで、初夢をみる一月二日の夜に枕の下に七福神が乗った宝船の絵を敷いて寝る習慣がつくられた。

このあと、七福神を描く絵馬《えま》を神社に奉納して金運の向上を願う習俗もみられたが、七福神めぐりがはじまった時期は比較的新しい。

隅田川七福神の起こり

江戸の外れの向島《むこうじま》に、骨董屋《こっとうや》の佐原家の庭園があった。そこは、現在は向島百花園

恵比寿	三囲神社	墨田区向島2-5-17
大黒天	（三囲神社の境内でまつられている）	
毘沙門天	多聞寺	墨田区墨田5-31-13
寿老人	白髪神社	墨田区東向島3-5-2
布袋尊	弘福寺	墨田区向島5-3-2
弁財天	長命寺	墨田区向島5-4-5
福禄寿	向島百花園	墨田区東向島3-18-3

図12-2　隅田川七福神

（東京都の公園）として公開されている。

　この庭園に狂歌の作者として知られる太田蜀山人《しょくさんじん》らが招かれたときに、主人から庭園に福禄寿《ふくろくじゅ》の像がまつられているという話が出た。そのとき、客たちのあいだで「この近くに、七福神ののこりの六柱の神様をまつるところがあるのではないか」という話になり、みんなで話しあって三囲《みめぐり》神社などをあげていった。そして、隅田《すみだ》川の東岸のそれほど広くない範囲に七福神が集まっているならば、これを巡拝してみようということになった。

　これは、文化年間（一八〇四—一七）の出来事だとされる。以来、かれらをまねて七福神に参って福を求める人があいつぎ、隅田川七福神めぐりの習慣が生まれた。そして、あちこちで七福神めぐりの道筋がつくられたという。

　日本人は、古い時代から旅を通じて神に願いごとをすることを好み、さまざまな巡拝路をつくってきたのである。

神系図

①神々の誕生

三系統の創世神話

①天御中主尊《あまのみなかぬしのみこと》　高皇産霊尊《たかみむすひの》

高皇産霊尊 ― 思金神《おもいかねのかみ》 ／ 天忍日命《あまのおしひのみこと》 ― 大伴氏《おおとも》・佐伯氏《さえき》 ／ 太玉命《ふとたまの》 ― 斎部氏《いんべ》

神皇産霊尊《かみむすひの》 ― 少彦名命《すくなひこなの》 ／ 月神《つきのかみ》 ／ 大伯国造《おおくのくにのみやつこ》 ／ 吉備中県国造《きびのなかあがた》

②可美葦牙彦舅尊《うましあしかびひこじの》

③国常立尊《くにのとこたちの》　国狭槌尊《くにのさづちの》　豊斟渟尊《とよくむぬの》

神世七代

泥土煑尊《ういじにの》・沙土煑尊《すい》＊

大戸之道尊《おおとのじの》・大苫辺尊《おおとまべの》

面足尊《おもだるの》・惶根尊《かしこねの》

伊奘諾尊《いざなきの》・伊奘冉尊《いざなみの》

伊奘諾尊・伊奘冉尊 ― 大山祇神《おおやまつみのかみ》（山の神） ／ 大綿津見神《おおわたつみの》（海の神） ／ 軻遇突智《かぐつち》（火の神） ／ その他の神々

＊『古事記』は国狭槌尊のかわりに泥土煑尊、沙土煑尊の次に角樴尊《つのくいの》、活樴尊《いくくいの》をおく。

②国生み

- 伊奘諾尊 ＝ 伊奘冉尊
  - （伊奘冉尊より）雷神《いかづちのかみ》
  - 蛭児《ひるこ》
  - 淡洲《あわしま》
  - 大八洲《おおやしま》
  - 級長戸辺命《しなとべのみこと》
  - 倉稲魂命《うかみたまの》（大宜津比売《おおげつひめ》）
  - 山祇《やまつみ》
  - 速秋津日命《はやあきつひの》
  - 句々廼馳《くくのち》
  - 埴安神《はにやすの》
  - 軻遇突智 ＝ 埴山姫《はにやまひめ》
    - 稚産霊《わかむすひ》
  - 軻遇突智
    - 五百箇磐石《いおついわむろ》……経津主神《ふつぬしの》
    - 甕速日命《みかはやひの》……武甕槌神《たけみかづちの》
    - 熯速日神《ひのはやひの》
    - 磐裂神《いわさくの》
    - 根裂神《ねさくの》
    - 磐筒男命《いわつつのおの》
- 伊奘諾尊
  - 岐神《ふなとのかみ》
  - 長道磐神《ながちは》
  - 煩神《わずらいのかみ》
  - 開囓神《あきくいの》
  - 道敷神《ちしきの》
  - 八十枉津日神《やそまがつひの》
  - 神直日神《かむなおび》
  - 大直日神《おおなおび》
  - 底津少童命《そこつわたつみの》
  - 底筒男命《そこつつのおの》
  - 中《なか》津少童命
  - 中筒男命
  - 表《うわ》津少童命
  - 表筒男命

③三貴子誕生

- 伊奘諾尊
  - 天照大神《あまてらすおおみかみ》
    - 天忍穂耳尊《あまのおしほみみの》
    - 天穂日命《あめのほひのみこと》
    - 天津《あまつ》彦根《ひこねの》命
    - 活《いく》津彦根命
    - 熊野《くまの》櫲《く》樟《す》日《ひの》命
  - 月読尊《つくよみのみこと》
  - 素《す》戔嗚《さのおの》尊
    - （宗像三神）
    - 田《た》心姫《ごりひめ》
    - 湍津《たぎつ》姫
    - 市《い》杵嶋《つきしま》姫

④天岩戸

- 伊奘諾尊 ＝ 伊奘冉尊
  - 大宜津比売
- 伊奘冉尊
  - 天照大神
  - 素戔嗚尊
- 高皇産霊尊 ― 思金神

（高天原の神々）

天津《あまつ》麻羅《まら》　石凝姥《いしごりどめ》　玉祖命《たまのやのみこと》　天児《あめのこ》屋《や》根《ね》命

太玉命　手力雄神《たぢからおの》　天鈿女《あめのうずめ》

⑤八岐大蛇退治

大山祇神—脚摩乳《あしなつち》
脚摩乳《あしなつち》＝手摩乳《てなつち》
→奇稲田姫《くしなだひめ》
奇稲田姫《くしなだひめ》＝素戔嗚尊
→五十猛神《いそたけるのかみ》
→熯之速日命《ひのはやひのみこと》
→青幡佐久佐日子命《あおはたさくさひこのみこと》
→大年神《おおとしのかみ》
　→韓神《からかみ》
　→曾富理神《そふりのかみ》

（山や水の精霊）
八岐大蛇《やまたのおろち》
蛟《みずち》

（賀茂神社の伝説）
火雷神《ほいかづちのかみ》＝玉依姫《たまよりひめ》
→賀茂別雷神《かものわけいかづちのみこと》

⑥大国主命の根の国訪問

天之冬衣神《あめのふゆぎのかみ》＝刺国若比売《さくくにわかひめ》
天之冬衣神—八十神《やそがみ》
→大国主命《おおくにぬしのみこと》
八上比売《やがみひめ》＝大国主命《おおくにぬしのみこと》＝須勢理毘売《すせりひめ》
素戔嗚尊—須勢理毘売
神皇産霊尊
→𧏛貝比売《きさがい》
→蛤貝比売《うむぎ》
→少彦名命

⑦大国主命の国づくり

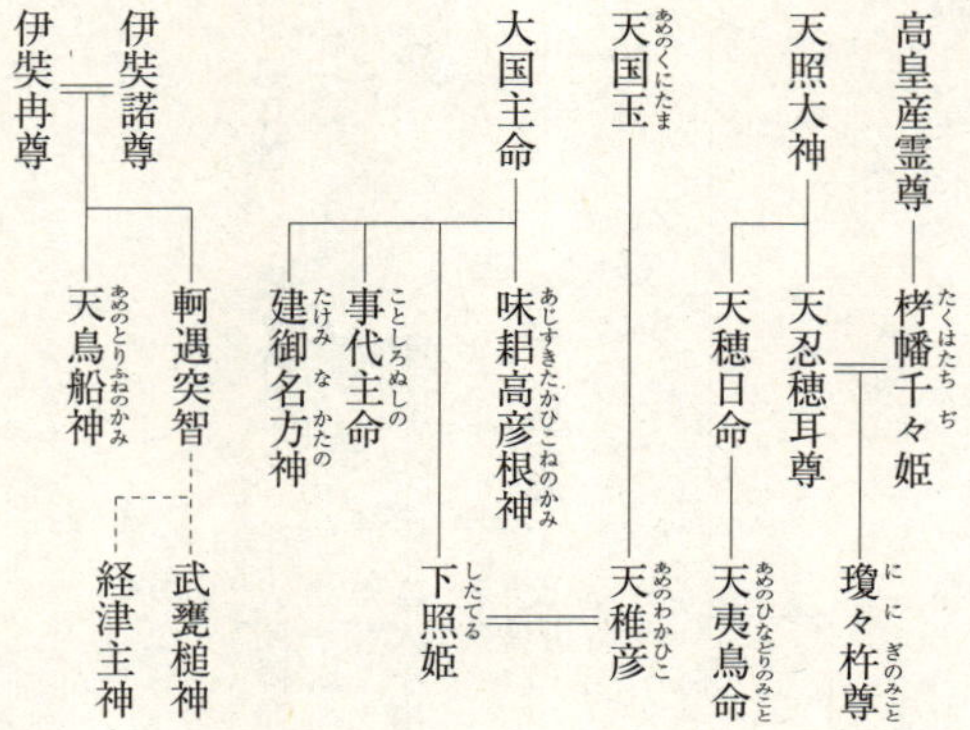
高皇産霊尊
栲幡千々姫《たくはたちぢ》
天照大神
天忍穂耳尊
天穂日命
瓊々杵尊《ににぎのみこと》
天夷鳥命《あめのひなどりのみこと》
天国玉《あめのくにたま》
天稚彦《あめのわかひこ》
大国主命
味耜高彦根神《あじすきたかひこねのかみ》
下照姫《したてる》
事代主命《ことしろぬしの》
建御名方神《たけみなかたの》
伊奘諾尊
伊奘冉尊
軻遇突智
天鳥船神《あめのとりふねのかみ》
武甕槌神
経津主神

⑧日向三代

天照大神
天忍穂耳尊（天照大神の子）
瓊々杵尊（天忍穂耳尊の子）

大山祇神
磐長姫《いわながひめ》（大山祇神の子）
木花《このはな》之《の》開耶《さくや》姫（大山祇神の子）

瓊々杵尊＝木花《このはな》之《の》開耶《さくや》姫

その子
火《ほ》闌降命《すそりのみこと》（海幸彦）
彦《ひこ》火《ほ》々《ほ》出《で》見尊《みのみこと》（山幸彦）
火《ほ》明命《あかりの》

大綿津見神
豊玉《とよたま》姫（大綿津見神の子）
玉依《たまより》姫（大綿津見神の子）

彦火々出見尊＝豊玉姫
鸕《う》鷀《が》草《や》葺不合尊《ふきあえずの》（二人の子）

鸕鷀草葺不合尊＝玉依姫
神武天皇（神日本《かむやまと》磐余《いわれ》彦《びこ》）（二人の子）

御利益別神社一覧

◆家内安全の神社

出羽三山《でわさんざん》神社	山形県東田川郡羽黒町大字手向字手向7
宇都宮二荒山《うつのみやふたあらやま》神社	栃木県宇都宮市馬場通り1-1-1
大國魂《おおくにたま》神社	東京都府中市宮町3-1
三之宮比々多《さんのみやひびた》神社	神奈川県伊勢原市三ノ宮1472
稲積《いなづみ》神社	山梨県甲府市太田町10-2
談山《たんざん》神社	奈良県桜井市大字多武峰319
日前《ひのくま》神宮・國懸《くにかかす》神宮	和歌山県和歌山市秋月365
宅宮《えのみや》神社	徳島県徳島市上八万町上中筋559
祐徳稲荷《ゆうとくいなり》神社	佐賀県鹿島市古枝

◆商売繁昌の神社

上川《かみかわ》神社	北海道旭川市神楽岡公園2-1
榊山稲荷《さかきやまいなり》神社	岩手県盛岡市北山2-12-12
鷲《おおとり》神社	東京都台東区千束3-18-7
大鳥《おおとり》神社	東京都目黒区下目黒3-1-2
王子稲荷《おうじいなり》神社	東京都北区岸町1-12-26
花園《はなぞの》神社	東京都新宿区新宿5-17-3
千束稲荷《せんぞくいなり》神社	東京都台東区竜泉2-19-3
三嶋《みしま》大社	静岡県三島市大宮町2-1-5

今宮《いまみや》神社	静岡県熱海市桜町3-29
敢國《あえくに》神社	三重県伊賀市一之宮877
伏見《ふしみ》稲荷《いなり》大社	京都府京都市伏見区深草藪之内町68
今宮《いまみや》神社	京都府京都市北区紫野今宮町21
今宮戎《いまみやえびす》神社	大阪府大阪市浪速区恵美須西1-6-10
生国魂《いくくにたま》神社	大阪府大阪市天王寺区生玉町13-9
住吉《すみよし》大社	大阪府大阪市住吉区住吉2-9-89
大鳥《おおとり》大社	大阪府堺市鳳北町1-1-2

◆勝利成功の神社

駒形《こまがた》神社	岩手県水沢市中上野町1-83
盛岡八幡《もりおかはちまん》宮	岩手県盛岡市八幡町13-1
太平山《たいへいざん》三吉《みよし》神社	秋田県秋田市広面字赤沼3-2
鳥海山《ちょうかいさん》大物忌《おおものいみ》神社	山形県飽海郡遊佐町大字吹浦字布倉1
居多《こた》神社	新潟県上越市五智6-1-11
香取《かとり》神宮	千葉県佐原市香取1697
大宮八幡《おおみやはちまん》宮	東京都杉並区大宮2-3-1
井草八幡《いぐさはちまん》宮	東京都杉並区善福寺1-33-1
鶴岡八幡《つるがおかはちまん》宮	神奈川県鎌倉市雪ノ下2-1-31
鎌倉《かまくら》宮	神奈川県鎌倉市二階堂154
児玉《こだま》神社	神奈川県藤沢市江ノ島1-4-3
敢國《あえくに》神社	三重県伊賀市一之宮877

尾《お》山《やま》神社	石川県金沢市尾山町11-1
太《た》郎《ろう》坊《ぼう》宮《ぐう》阿《あ》賀《が》神社	滋賀県東近江市小脇町2247
石《いわ》清《し》水《みず》八《はち》幡《まん》宮	京都府八幡市八幡高坊30
橿《かし》原《わら》神宮	奈良県橿原市久米町934
闘《とう》鶏《けい》神社	和歌山県田辺市湊655
物《もの》部《のべ》神社	島根県大田市川合町川合1545
白《しら》鳥《とり》神社	香川県東かがわ市松原69
八《や》代《しろ》宮	熊本県八代市松江城町7-34
宮《みや》崎《ざき》神宮	宮崎県宮崎市神宮2-4-1

◆出世の望みを叶える神社

猿《さる》賀《が》神社	青森県南津軽郡尾上町猿賀字石林175
秋《あき》田《た》県《けん》護《ご》国《こく》神社	秋田県秋田市寺内大畑5-3
日《にっ》光《こう》東《とう》照《しょう》宮《ぐう》	栃木県日光市山内2301
氷《ひ》川《かわ》神社	埼玉県さいたま市大宮区高鼻町1-407
船《ふな》橋《ばし》大神宮	千葉県船橋市宮本5-2-1
鎌《かま》倉《くら》宮	神奈川県鎌倉市二階堂154
久《く》能《のう》山《さん》東《とう》照《しょう》宮《ぐう》	静岡県静岡市根古屋389
服《はっ》部《とり》神社	石川県加賀市山代温泉四区
平《へい》安《あん》神宮	京都府京都市左京区岡崎西天王町97
豊《とよ》國《くに》神社	大阪府大阪市中央区大阪城2-1
天《あめの》石《いわ》門《と》別《わけ》神社	岡山県美作市滝宮89

速谷《はやたに》神社	広島県廿日市市上日平良308-1
山内《やまうち》神社	高知県高知市鷹匠町2-4-6
住吉《すみよし》神社	福岡県福岡市博多区住吉3-1-51

◆合格祈願・学業成就の神社

戸隠《とがくし》神社	長野県長野市戸隠3506
湯島天満宮《ゆしまてんまん》	東京都文京区湯島3-30-1
亀戸天神社《かめいどてんじん》	東京都江東区亀戸3-6-1
町田天満宮《まちだてんまん》	東京都町田市原町田1-21-5
荏柄《えがら》神社	神奈川県鎌倉市二階堂74
報徳二宮《ほうとくにのみや》神社	神奈川県小田原市城内8-10
前鳥《さきとり》神社	神奈川県平塚市四之宮4-14-26
鎮国守国《ちんこくしゅこく》神社	三重県桑名市吉之丸
北野天満宮《きたのてんまん》	京都府京都市上京区馬喰町
長岡天満宮《ながおかてんまん》	京都府長岡京市天神2-15-3
宇治《うじ》神社	京都府宇治市宇治山田1
枚岡《ひらおか》神社	大阪府東大阪市出雲井町7-16
大阪天満宮《おおさかてんまん》	大阪府大阪市北区天神橋2-1-8
露天神社《つゆてんじん》	大阪府大阪市北区曾根崎2-5-4
道明寺天満宮《どうみょうじてんまん》	大阪府藤井寺市道明寺1-16-40
防府天満宮《ほうふてんまん》	山口県防府市松崎町14-1
太宰府天満宮《だざいふてんまん》	福岡県太宰府市宰府4-7-1

◆金運を招く神社

金《きん》華《か》山《ざん》黄《こ》金《がね》山《やま》神社	宮城県石巻市鮎川浜金華山
穴《あな》守《もり》稲《いな》荷《り》神社	東京都大田区羽田5-2-7
銭洗弁天《ぜにあらいべんてん》宇《う》賀《が》福《ふく》神社	神奈川県鎌倉市佐助2-25-16
南《なん》宮《ぐう》大社	岐阜県不破郡垂井町宮代1734-1
岡《おか》太《ふと》神社	福井県越前市粟田部19-3
杭《く》全《また》神社	大阪府大阪市平野区平野宮町2-1-67
伊《い》倉《くら》南《みなみ》八幡《はちまん》宮	熊本県玉名市宮原701

◆縁結びの神社

白《はく》山《さん》神社	新潟県新潟市一番堀通町1-1
川越《かわごえ》氷《ひ》川《かわ》神社	埼玉県川越市宮下町2-11-3
伊《い》豆《ず》美《み》神社	東京都狛江市中和泉3-21-8
伊《い》豆《ず》山《さん》神社	静岡県熱海市伊豆山708-1
白《しら》山《やま》比《ひ》咩《め》神社	石川県白山市三ノ宮町ニ105-1
地《じ》主《しゅ》神社	京都府京都市東山区清水1丁目317
生《いく》田《た》神社	兵庫県神戸市中央区下山手通1-2-1
出《いず》雲《も》大社	島根県出雲市大社町杵築東195
八《や》重《え》垣《がき》神社	島根県松江市佐草町227
佐《さ》太《た》神社	島根県松江市鹿島町大字佐陀宮内
阿《あ》蘇《そ》神社	熊本県阿蘇市一の宮町宮地3083
都《つ》萬《ま》神社	宮崎県西都市大字妻1

◆縁切の神

門田《もんでん》神社	栃木県足利市八幡町387
佐太《さた》神社	島根県松江市鹿島町大字佐陀宮内
熊野《くまの》速玉《はやたま》大社	和歌山県新宮市新宮1番地

◆厄除けの主な神社

小鹿《おじか》神社	埼玉県小鹿野町大字小鹿野1432
城山《しろやま》熊野《くまの》神社	東京都板橋区志村2-16-2
武蔵《むさし》御獄《みたけ》神社	東京都青梅市御岳山196
七倉《しちくら》稲荷《いなり》神社	東京都台東区池之端2-5
蔵前《くらまえ》神社	東京都台東区蔵前3-14-11
八雲《やぐも》神社	神奈川県鎌倉市山ノ内533
尾張《おわり》大國霊《おおくにみたま》神社	愛知県稲沢市国府宮1-1-1
劒《つるぎ》神社	福井県丹生郡越前町織田113-1
吉田《よしだ》神社	京都府京都市左京区吉田神楽岡町30
百舌鳥《もず》八幡《はちまん》宮	大阪府堺市百舌鳥赤畑町5-706
須佐《すさ》神社	島根県出雲市佐田町宮内730
厄除《やくよけ》八幡《はちまん》神社	岡山県岡山市川入備中八幡

◆方位除けの神社

善知鳥《うとう》神社	青森県青森市安方2-7-18
寒川《さむかわ》神社	神奈川県高座郡寒川町宮山3916

大将軍八《だいしょうぐんはち》神社	京都府京都市上京区一条御前通西入ル3丁目48
城南《じょうなん》宮	京都府京都市伏見区中島鳥羽離宮町7
方違《かたたがい》神社	大阪府堺市北三国ヶ丘町2-2-1
大神《おおみわ》神社	奈良県桜井市三輪1422

◆病気治しの神社

◎万　病	
湯殿山《ゆどのやま》神社	山形県東田川郡朝日村田麦俣六十里7
薬莱《やくらい》神社	宮城県加美町上野目大宮7
五條天神《ごじょうてんじん》神社	東京都台東区上野公園4-17
砥《と》鹿《が》神社	愛知県宝飯郡一宮町大字一宮字西垣内2
結《ゆう》城《き》神社	三重県津市大字藤方2341
伊《い》和《わ》神社	兵庫県宍粟郡一宮町須行名
田《た》村《むら》神社	香川県高松市一宮町286
志《し》志《し》岐《き》神社	長崎県平戸市野子古町251
諫早《いさはや》神社	長崎県諫早市宇都町1-12
◎頭部の病	
白旗《しらはた》神社	神奈川県藤沢市藤沢2-4-7
御《み》首《くび》神社	岐阜県大垣市荒尾町1283-1
持《もち》田《だ》神社	島根県松江市西持田町894-2
◎脱毛病	
髪《かみ》之《の》祖関《おやせき》神社	東京都北区王子本町

◎目の病	
御霊《ごりょう》神社	神奈川県鎌倉市坂ノ下3-17
生目《いきめ》神社	宮崎県宮崎市大字生目345
◎歯の病	
九頭竜《くずりゅう》社	長野県長野市戸隠奥社
日比谷《ひびや》神社	東京都港区新橋4-13-9
◎のどの病	
三輪里稲荷《みわさといなり》神社	東京都墨田区八広3-6-13
石井《いしい》神社	東京都江東区亀戸4-37-13
◎手足の病	
足尾《あしお》神社	茨城県石岡市大字柿岡1029-14
◎脚気	
加茂《かも》神社	富山県射水郡下村加茂
御手洗《みたらい》神社	京都府京都市左京区下鴨泉川町下鴨神社内
服部天神《はっとりてんじん》宮	大阪府豊中市服部元町1
◎痔病	
長田《ながた》神社	兵庫県神戸市長田区長田町3-1-1
◎カゼ	
芝《しば》大神宮	東京都港区芝大門1-12-7
◎流行病	
羽田《はねだ》神社	東京都大田区本羽田3-9-12
津島《つしま》神社	愛知県津島市神明町1

菅生《すごう》石部《いそべ》神社	石川県加賀市大聖寺敷地
泉殿《いずどの》神社	大阪府吹田市西之庄町10-1
◎皮膚病	
田戸《たべ》神社	愛知県田原市中山
◎傷病	
都農《つの》神社	宮崎県児湯郡都農町大字川北13294番地
◎はしか	
白兎《はくと》神社	鳥取県鳥取市白兎592
◎できもの	
稲荷《いなり》鬼王《きおう》神社	東京都新宿区歌舞伎町2-17-5
石切剣箭《いしきりつるぎや》神社	大阪府東大阪市東石切1-1-1
◎中風	
田丸《たまる》神社	三重県度会郡玉城町下田辺1042
◎天然痘	
佐嘉《さが》神社	佐賀県佐賀市松原2-10-43
◎婦人病	
多度《たど》大社	三重県桑名市多度町大多度1681
多賀《たが》神社	愛媛県宇和島市藤江1340
◎性病	
大縣《おおあがた》神社	愛知県犬山市字宮山3
◎小児病	
與杼《よど》神社	京都府京都市伏見区淀本町167

◎夜泣き	
河俣上神社《かわまたかみ》	愛知県一宮市浅井町河端字宮東107
◎虫封じ	
高座結御子神社《たかくらむすびみこ》	愛知県名古屋市熱田区熱田神宮内
◎健忘症	
二見興玉神社《ふたみこしたま》	三重県度会郡二見町江575

■索引

＜神名＞

天児屋根命（あまのこやねのみこと） 76
天照大神（あまてらすおおみかみ） 30,54,56,58,80,164
天鈿女命（あめのうずめのみこと） 80
伊奘諾尊（いざなきのみこと） 62,152
伊奘冉尊（いざなみのみこと） 62,152
市杵嶋姫命（いつきしまひめのみこと） 135
稲荷神（いなりがみ） 146
犬神（いぬがみ） 152
宇迦之御魂神（うかのみたまのかみ） 21
表筒男命（うわつつのおのみこと） 95
恵比寿（えびす） 47,67,132
応神天皇（おうじんてんのう） 24,106
大国主命（おおくにぬしのみこと） 36,39,45,162
大物主神（おおものぬしのかみ） 40,141,149
大山咋神（おおやまくいのかみ） 84,86
大山祇神（おおやまつみのかみ） 70,153
織田信長（おだのぶなが） 124
柿本人麻呂（かきのもとのひとまろ） 119
軻遇突智神・迦具土神（かぐつちのかみ） 99
竈神（かまどがみ） 144
鹿乱荒神（からんこうじん） 143
桓武天皇（かんむてんのう） 124
吉備津彦命（きびつひこのみこと） 106
菊理媛神（くくりひめのかみ） 155
草薙剣（くさなぎのつるぎ） 97
奇稲田姫命（くしなだひめのみこと） 46
家都御子神（けつみこのかみ） 32
荒神様（こうじんさま） 143
孝明天皇（こうめいてんのう） 124
高良玉垂神（こうらたまだれのかみ） 110
牛頭天王（ごずてんのう） 43
事代主命（ことしろぬしのみこと） 47
木花之開耶姫（このはなのさくやひめ） 153
金比羅神（こんぴらしん） 141
猿田彦大神（さるたひこのおおかみ） 78
山王権現（さんのうごんげん） 84
三宝荒神（さんぼうこうじん） 143
七福神（しちふくじん） 132,201
寿老人（じゅろうじん） 132,138
昭憲皇太后（しょうけんこうたいごう） 125
神功皇后（じんぐうこうごう） 104
菅原道真（すがわらのみちざね） 25
少彦名命（すくなひこなのみこと） 50
素戔嗚尊（すさのおのみこと） 43,45
崇徳上皇（すとくじょうこう） 121
住吉三神（すみよしさんしん） 95
聖母大菩薩（せいぼだいぼさつ） 106
浅間大菩薩（せんげんだいぼさつ） 199
底筒男命（そこつつのおのみこと） 95

大黒天・大黒(だいこくてん・だいこく)　132
平将門(たいらのまさかど)　116
高龗神(たかおかみのかみ)　89
湍津姫(たぎつひめ)　135
陀枳尼天(だきにてん)　147
健磐竜神(たけいわたつのかみ)　157
武内宿禰(たけしうちのすくね)　109
建角身命(たけつぬみのみこと)　91
武甕槌神(たけみかづちのかみ)　28, 72, 77
建御名方神(たけみなかたのかみ)　28
田心姫(たごりひめ)　135
玉依姫(たまよりひめ)　90
月読尊(つくよみのみこと)　65
東郷平八郎(とうごうへいはちろう)　129
徳川家康(とくがわいえやす)　122
豊受大神(とようけおおかみ)　60
中筒男命(なかつつのおのみこと)　95
南極星(なんきよくせい)　138
瓊々杵尊(ににぎのみこと)　60, 70
如来荒神(にょらいこうじん)　143
乃木希典(のぎまれすけ)　129
野見宿禰(のみのすくね)　111
毘沙門天(びしやもんてん)　132, 137
比売神(ひめがみ)　77, 106
蛭児神(ひるこかみ)　67
広瀬武夫(ひろせたけお)　128
福禄寿(ふくろくじゆ)　132, 138, 202
経津主神(ふつぬしのかみ)　74, 77
布都御魂神(ふつのみたまのかみ)　95
忿怒荒神(ふんぬこうじん)　143
弁財天・弁天(べんざいてん・べんてん)　132, 135, 150
北辰菩薩(ほくしんぼさつ)　139
北極星(ほつきよくせい)　139
布袋(ほてい)　132, 137
宮簀媛命(みやずひめのみこと)　97
妙見菩薩(みようけんぼさつ)　139
明治天皇(めいじてんのう)　124
本居宣長(もとおりのりなが)　124
薬師如来(やくしにょらい)　51
日本武尊(やまとたけるのみこと)　97, 103
別雷神(わけいかづちのかみ)　90

< 神 社 名 >

秋葉神社(あきばじんじや)　99
阿蘇神社(あそじんじや)　157
愛宕神社(あたごじんじや)　99
熱田神宮(あつたじんぐう)　97, 103
穴師坐兵主神社(あなしにますひようずじんじや)　113
伊奘諾神社(いざなきじんじや)　64
出雲大社(いずもたいしや)　36
伊勢神宮(いせじんぐう)　59, 60, 183, 196
伊勢神宮内宮(いせじんぐうないくう)　59
伊勢神宮外宮(いせじんぐうげくう)　60

伊勢神社(いせじんじゃ)　30
石上神宮(いそのかみじんぐう)　93
厳島神社(いつくしまじんじゃ)　136
稲荷社・稲荷神社(いなりしゃ・いなりじんじゃ)　21
石清水八幡宮(いわしみずはちまんぐう)　25
宇佐八幡宮(うさはちまんぐう)　23
宇倍神社(うべじんじゃ)　110
江島神社(えのしまじんじゃ)　136
大洗磯前神社(おおあらいいそざきじんじゃ)　51
鷲神社(おおとりじんじゃ)　103
大神神社(おおみわじんじゃ)　40, 88, 149
大山祇神社(おおやまつみじんじゃ)　71
柿本神社(かきのもとじんじゃ)　120
鹿島神宮(かしまじんぐう)　72
春日大社(かすがたいしゃ)　76
春日神社(かすがじんじゃ)　77
月山神社(がつさんじんじゃ)　66
香取神宮(かとりじんぐう)　74
上賀茂神社(かみかもじんじゃ)　90
賀茂神社(かもじんじゃ)　90
神田明神(かんだみょうじん)　118
北野天満宮(きたのてんまんぐう)　27, 177
吉備津神社(きびつじんじゃ)　106, 108
吉備津彦神社(きびつひこじんじゃ)　108
貴船神社(きぶねじんじゃ)　88
久能山東照宮(くのうさんとうしょうぐう)　122
熊野神社(くまのじんじゃ)　32
熊野那智大社(くまのなちたいしゃ)　32
熊野速玉大社(くまのはやたまたいしゃ)　32
熊野本宮大社(くまのもとみやたいしゃ)　32
車折神社(くるまざきじんじゃ)　82
高良大社(こうらたいしゃ)　110
金刀比羅宮(ことひらぐう)　140, 197
金毘羅神社(こんぴらじんじゃ)　140
下鴨神社(しもかもじんじゃ)　91
招魂社(しょうこんしゃ)　126
白峯宮(しらみねぐう)　121
白峯神宮(しらみねじんぐう)　121
白山比咩神社(しらやまひめじんじゃ)　155
神明社・神明神社(しんめいしゃ・しんめいじんじゃ)　30
住吉神社(すみよしじんじゃ)　95
住吉大社(すみよしたいしゃ)　95
諏訪神社(すわじんじゃ)　27
銭洗弁天(ぜにあらいべんてん)　136, 150
浅間神社(せんげんじんじゃ)　154, 199
多賀神社(たがじんじゃ)　64
建勲神社(たけいさおじんじゃ)　124
椿岸神社(つばきぎしじんじゃ)　82
椿大神社(つばきだいじんじゃ)　80
天神社(てんじんしゃ)　25
天祖神社(てんそじんじゃ)　30
天満宮(てんまんぐう)　25
東京招魂社(とうきょうしょうこんしゃ)　126
東郷神社(とうごうじんじゃ)　129

南洋神社（なんようじんじゃ）　174
西宮神社（にしのみやじんじゃ）　67
日光東照宮（にっこうとうしょうぐう）　122
乃木神社（のぎじんじゃ）　129
白山神社（はくさんじんじゃ）　155
箱根神社（はこねじんじゃ）　154
八幡社・八幡宮（はちまんしゃ・はちまんぐう）
24,106,110
花園神社（はなぞのじんじゃ）　103
日吉神社（ひえじんじゃ）　84
氷川神社（ひかわじんじゃ）　45
檜原神社（ひばらじんじゃ）　58
枚岡神社（ひらおかじんじゃ）　77
伏見稲荷大社（ふしみいなりたいしゃ）　22
二荒山神社（ふたらさんじんじゃ）　122
平安神宮（へいあんじんぐう）　124
防府天満宮（ほうふてんまんぐう）　113
松尾大社（まつおたいしゃ）　86
三島神社（みしまじんじゃ）　70
三峰神社（みつみねじんじゃ）　152
美保神社（みほじんじゃ）　48
妙見社・妙見宮（みょうけんしゃ・みょうけんぐう）
139
宗像大社（むなかたたいしゃ）　136
明治神宮（めいじじんぐう）　124
本居神社（もとおりじんじゃ）　124
八坂神社（やさかじんじゃ）　45
靖国神社（やすくにじんじゃ）　127
霊山招魂社（れいざんしょうこんしゃ）　126

知《し》っておきたい日本《にほん》の神様《かみさま》

武光《たけみつ》 誠《まこと》

平成17年 11月25日　初版発行
平成26年 2月28日　26版発行

発行者●郡司 聡

発行所●株式会社KADOKAWA
〒102-8177　東京都千代田区富士見2-13-3
電話 03-3238-8521（営業）
http://www.kadokawa.co.jp/

編集●角川学芸出版
〒102-0071　東京都千代田区富士見2-13-3
電話 03-5215-7815（編集部）

角川文庫 14019

印刷所●旭印刷株式会社　製本所●本間製本株式会社

表紙画●和田三造

◎落丁・乱丁本は、送料小社負担にて、お取り替えいたします。KADOKAWA読者係までご連絡ください。（古書店で購入したものについては、お取り替えできません）
電話 049-259-1100（9:00 ～ 17:00/土日、祝日、年末年始を除く）
〒 354-0041　埼玉県入間郡三芳町藤久保 550-1

ISBN978-4-04-405701-5　C0114

角川文庫発刊に際して

角川源義

第二次世界大戦の敗北は、軍事力の敗北であった以上に、私たちの若い文化力の敗退であった。私たちの文化が戦争に対して如何に無力であり、単なるあだ花に過ぎなかったかを、私たちは身を以て体験し痛感した。西洋近代文化の摂取にとって、明治以後八十年の歳月は決して短かすぎたとは言えない。にもかかわらず、近代文化の伝統を確立し、自由な批判と柔軟な良識に富む文化層として自らを形成することに私たちは失敗して来た。そしてこれは、各層への文化の普及滲透を任務とする出版人の責任でもあった。

一九四五年以来、私たちは再び振出しに戻り、第一歩から踏み出すことを余儀なくされた。これは大きな不幸ではあるが、反面、これまでの混沌・未熟・歪曲の中にあった我が国の文化に秩序と確たる基礎を齎らすためには絶好の機会でもある。角川書店は、このような祖国の文化的危機にあたり、微力をも顧みず再建の礎石たるべき抱負と決意とをもって出発したが、ここに創立以来の念願を果すべく角川文庫を発刊する。これまで刊行されたあらゆる全集叢書文庫類の長所と短所とを検討し、古今東西の不朽の典籍を、良心的編集のもとに、廉価に、そして書架にふさわしい美本として、多くのひとびとに提供しようとする。しかし私たちは徒らに百科全書的な知識のジレッタントを作ることを目的とせず、あくまで祖国の文化に秩序と再建への道を示し、この文庫を角川書店の栄ある事業として、今後永久に継続発展せしめ、学芸と教養との殿堂として大成せんことを期したい。多くの読書子の愛情ある忠言と支持とによって、この希望と抱負とを完遂せしめられんことを願う。

一九四九年五月三日